Kaiserliche Admiralität

Rang- und Quartierliste der Kaiserlich Deutschen Marine für das Jahr 1888

Kaiserliche Admiralität

Rang- und Quartierliste der Kaiserlich Deutschen Marine für das Jahr 1888

ISBN/EAN: 9783954271603
Erscheinungsjahr: 2012
Erscheinungsort: Bremen, Deutschland

© maritimepress in Europäischer Hochschulverlag GmbH & Co. KG, Fahrenheitstr. 1, 28359 Bremen. Alle Rechte beim Verlag und bei den jeweiligen Lizenzgebern.
www.maritimepress.de | office@maritimepress.de

Bei diesem Titel handelt es sich um den Nachdruck eines historischen, lange vergriffenen Buches. Da elektronische Druckvorlagen für diese Titel nicht existieren, musste auf alte Vorlagen zurückgegriffen werden. Hieraus zwangsläufig resultierende Qualitätsverluste bitten wir zu entschuldigen.

Rang- und Quartierliste

der

Kaiserlich Deutschen Marine

für

das Jahr 1888.

(Abgeschlossen am 1. November 1887.)

Auf Befehl Seiner Majestät des Kaisers und Königs.

Redaktion: Die Kaiserliche Admiralität.

Berlin.
Ernst Siegfried Mittler und Sohn
Königliche Hofbuchhandlung
Kochstraße 68—70.
Kiel: Universitäts-Buchhandlung, Schumacher-Straße 8.

Inhalt.

	Seite
Admiralität	7
Centralabtheilung	7
Personalangelegenheiten der Offiziere ꝛc.	7
Kommandoabtheilung	7
Marinedepartement	8
Verwaltungsdepartement	8
Statistisches Bureau der Admiralität	8
Besondere Dezernenten	8
Hydrographisches Amt der Admiralität	9
Bureaubeamte der Admiralität	9
Kommando der Marinestation der Ostsee	11
I. Marineinspektion	11
I. Matrosendivision	12
I. Werftdivision	12
Seebataillon	13
Schiffsjungenabtheilung	14
Kommando der Marinestation der Nordsee	15
II. Marineinspektion	15
II. Matrosendivision	15
II. Werftdivision	16
2. Halbbataillon des Seebataillons	17
Inspektion der Marineartillerie	18
I. Matrosenartillerie-Abtheilung	18
II. Matrosenartillerie-Abtheilung	18
III. Matrosenartillerie-Abtheilung	18
Artilleriedepot zu Friedrichsort	19
Artilleriedepot zu Wilhelmshaven	19
Artilleriedepot zu Geestemünde	19
Minendepot zu Friedrichsort	19
Minendepot zu Wilhelmshaven	20
Minendepot zu Geestemünde	20
Inspektion des Torpedowesens	21
I. Torpedoabtheilung	21
II. Torpedoabtheilung	21

Inhalt.

Seite

Torpedo-Versuchskommando 22
Torpedodepot zu Friedrichsort 22

Kommandanturen:
   Kommandantur zu Kiel 23
   Kommandantur zu Friedrichsort 23
   Kommandantur zu Wilhelmshaven 23
   Kommandantur zu Geestemünde 23

Schiffs-Prüfungskommission 23

Technische Institute:
   Werft zu Danzig 24
   Werft zu Kiel 24
   Werft zu Wilhelmshaven 25
   Hafenbaukommission zu Kiel 26
   Hafenbaukommission zu Wilhelmshaven 26

Wissenschaftliche Institute:
   Direktion des Bildungswesens der Marine 27
      Marineakademie und -Schule 27
      Deckoffizierschule 29
   Deutsche Seewarte 29

Verwaltungsbehörden:
   Intendantur der Marinestation der Ostsee 30
      Stationskasse der Marinestation der Ostsee 30
      Bekleidungsamt der Marinestation der Ostsee . . . 30
      Verpflegungsamt der Marinestation der Ostsee . . . 30
      Garnisonverwaltung zu Kiel 30
      Garnisonverwaltung zu Friedrichsort 30
   Intendantur der Marinestation der Nordsee 31
      Stationskasse der Marinestation der Nordsee . . . 31
      Bekleidungsamt der Marinestation der Nordsee . . . 31
      Verpflegungsamt der Marinestation der Nordsee . . . 31
      Garnisonverwaltung zu Wilhelmshaven 31

Marine-Lazarethe:
   Lazareth zu Kiel 32
   Lazareth zu Friedrichsort 32
   Lazareth zu Wilhelmshaven 32
   Lazareth zu Yokohama 32

Offiziere à la suite der Marine 33
Admirale 34
Seeoffizierkorps 35

Inhalt.

Seite

Offiziere à la suite des Seeoffizierkorps 57
Seekadetten 58
Kadetten 60
Offizierkorps des Seebataillons 62
Offiziere à la suite des Seebataillons 63
Maschinen- und Torpeder-Ingenieurkorps:
 Maschinen-Ingenieure 64
 Torpeder-Ingenieure 66
Feuerwerks-, Zeug- und Torpederoffiziere:
 Feuerwerksoffiziere 67
 Zeugoffiziere 68
 Torpederoffiziere 69
Sanitäts-Offizierkorps 70
Marine-Zahlmeister 74
Marine-Pfarrer 77
Justizbeamte 78
Intendanturbeamte 79
Bekleidungsverwaltungs-Beamte 80
Garnisonbau-Beamte 80
Garnison- und Lazarethverwaltungs-Beamte 80
Werftbeamte:
 Ingenieure 81
 Rendanten 83
Deckoffiziere:
 A. der I. Matrosendivision (exkl. Feuerwerkspersonal), der I. Werft-
  division und der Schiffsjungenabtheilung 84
 B. der II. Matrosendivision (exkl. Feuerwerkspersonal) und der
  II. Werftdivision 89
 C. Feuerwerkspersonal 95
 D. des Torpedowesens 98
 E. Zahlmeister-Aspiranten 101
Zeugfeldwebel 102
Offiziere ꝛc. des Beurlaubtenstandes der Marine:
 Reserve 103
 Seewehr 112
Liste S. M. Schiffe und Fahrzeuge 117
Stäbe der in Dienst gestellten Schiffe und Fahrzeuge 122
Alphabetisches Namenverzeichniß 127

Erklärung der Bezeichnung der in dieser Liste vorkommenden Orden und Ehrenzeichen.

A. Deutsche Orden und Ehrenzeichen.
1. Königlich Preußische.

Schwarzer Adler-Orden mit der Kette.
Schwarzer Adler-Orden.
Rother Adler-Orden, Großkreuz mit Eichenlaub.
1 Rother Adler-Orden 1. Klasse mit Eichenlaub und dem Emaillebande des Kronen-Ordens mit Schwertern am Ringe.
1 = = = 1. Klasse ohne Eichenlaub.
2 mSt = = = = 2. = mit dem Stern, Eichenlaub und Schwertern am Ringe.
2 = = = 2. = mit Eichenlaub und Schwertern.
2 = = = 2. = mit Eichenlaub und Schwertern am Ringe.
2 = = = 2. = mit Eichenlaub.
3 = = = 3. = mit der Schleife und Schwertern am Ringe.
3 = = = 3. = mit der Schleife.
4 = = = 4. = mit Schwertern.
4 = = = 4. =
1 Kronen-Orden 1. Klasse mit Schwertern am Ringe.
1 = = 1. =
2 = = 2. = mit Schwertern.
2 = = 2. = mit Schwertern am Ringe.
2 = = 2. =
3 = = 3. = mit Schwertern.
3 = = 3. =
4 = = 4. = mit Schwertern.
4 = = 4. =

Behörden am Lande.

Chef der Marine:
Seine Majestät der Kaiser und König Wilhelm.

Admiralität.
Berlin.

Chef der Admiralität:
Gen.-Lieut. à la suite der Armee v. Caprivi ✠1 ✣ ✣3 ✠2 ✣1 ✣
BMV1 BrHL2bχ GHL2a HSEH2a OV1χaR REK1χ SA2b
WF2a CD1c JVAS1 ÖEK2 RA2χ RSt2mSt TM1

Centralabtheilung.
Korv.-Kapt. Frhr. v. Maltzahn.
Korv.-Kapt. a. D. Hoffmann, Bibliothekverwalter ✠4

Personalangelegenheiten der Offiziere etc.
Korv.-Kapt. v. Ehrenkrook.

Kommandoabtheilung.
Kapt. z. S. Hollmann, Chef des Stabes der Admiralität.
  = = Hoffmann.
  = = Frhr. v. Senden-Bibran.
Korv.-Kapt. v. Arnim.
Kapt.-Lieut. Breusing.
  = = Thiele II.
Hauptm. Detring.

Marinedepartement.

Direktor: Kontre-Adm. Frhr. v. d. Goltz.
Korv.-Kapt. Sack.
  =   =   Frhr. v. Bodenhausen.
  =   =   Geißler.
Kapt.-Lieut. Ihn.
  =   =   Crebner.
Geh. Adm.- u. vortr. Rath, Hauptm. Krüger ✠2 ✠4 *LD1 MWK2b OV2b CD2b*
  =   =   =   =   =   Wagner ✠3 ✠2
  =   =   =   =   =   Brix ✠4 ✠3 *CD2b*
  =   =   =   =   =   Hauptm. a. D. Gurlt ✠4 ✠3 *LD1 CD2b*
  =   =   =   =   =   Dietrich ✠4 *MWK3 OV2b CD2b*
Wirkl. Adm.- u. vortr. Rath, Hauptm. a. D. Dr. Holtz ✠3 *LD1*
Adm.-Rath Görris ✠4
  =   =   Schulze *OV3b*
  =   =   Rotter *OV3b SEKfK CD3b*
Maschinenb.-Ing. Petzsch.
Schiffsb.-Ing., Sek.-Lieut. Rauchfuß.
  =   =   Kretschmer.
Maschinenb.-Ing. Eickenrodt.
Schiffsb.-Ing., Sek.-Lieut. Schwarz.

Verwaltungsdepartement.

Direktor: Wirkl. Geh. Adm.-Rath, Sek.-Lieut. a. D. Richter ✠2mSt ✠3 *LD2 RSt2*
Geh. Adm.- u. vortr. Rath, Prem.-Lieut. a. D. Berndt ✠4 ✠2 *LD2*
Wirkl. Adm.- u. vortr. Rath Vogeler ✠4
  =   =   =   =   Sek.-Lieut. Klein ✠4 *LD2*
Adm.-Rath, Sek.-Lieut. a. D. Dr. Danneel.

Statistisches Bureau der Admiralität.

Kapt.-Lieut. Siegel.
  =   =   Bar. v. Plessen.
Lieut. z. S. Paucke.

Besondere Dezernenten.

Geh. Adm.- u. vortr. Rath, Hauptm. Perels ✠3 ✠2 *LD1*, Auditeur u. Justitiar der Admiralität.
Gen.-Arzt 1. Kl. Dr. Wenzel, General-Arzt der Marine.

Behörden am Lande.

Hydrographisches Amt der Admiralität.

Vorstand: Kontre-Adm. Paschen.
Kapt. z. S. Mensing II.
Kapt.-Lieut. Stubenrauch.
   =   = Hildebrandt.
Professor Dr. Börgen ✠4 *DD3*, Vorstand des Observatoriums zu Wilhelmshaven.
Kartograph Welcker.
Physiker Asmus.
Redakteur, Kapt.-Lieut. a. D. Rottok.
Assistent Dr. Eschenhagen, Assist. b. d. Observatorium zu Wilhelmshaven.
Professor Dr. Peters, Vorstand des Chronometer-Observatoriums zu Kiel.

Bureaubeamte der Admiralität.

Geheime Expedition:

Geh. Rechn.-Rath Bütow ✠4 ✠3 *OV3b*
 =   =   = Prem.-Lieut. a. D. Steinberg ✠4 [F.W.]3
Rechn.-Rath Wozel ✠4
 =   = Tettenborn ✠4
 =   = Zahlm. a. D. Harnisch ✠4
 =   = Lorenz ✠4
 =   = Prem.-Lieut. a. D. Lange ✠4 [F.W.]3
 =   = Schrön ✠4
 =   = Maillard.
 =   = Boltenthal, t. als Vorsteher d. Hauptkanzlei.
 =   = Kuhne [F.W.]3 *LD2*
Kanzl.-Rath Hildebrandt ○*A* [F.W.]1
Rechn.-Rath Mehl [F.W.]3
Kanzl.-Rath Zernecke [F.W.]3
Rechn.-Rath Wagener *SW3*
 =   = Zahlm. a. D. Weinert ✠4
Geh. exped. Sekr. u. Kalkulator, Sek.-Lieut. Otto *LD2*
 =   =   =   =   = Ewald.
 =   =   =   =   = May ✠4
 =   =   =   =   = Zahlm. a. D. Hintze.
 =   =   = Hübner [F.W.]3
 =   =   = Rück ○ [F.W.]1 *ÖsTM2*
 =   =   = Neubert [F.W.]1
 =   =   = Gurisch ✠2 [F.W.]3 *LD2*
 =   =   = Witthauer [F.W.]3
 =   =   = Benetsch [F.W.]3
 =   =   = u. Kalkulator Klimke.
 =   =   =   Hitzigrath.

Geh. exped. Sekr. Löbeling F.W.3
= = = u. Kalkulator, Sek.=Lieut. a. D. Meißner ✠2
= = = = = Haspelmath.
= = = = = Berner.

Geheime Registratur:

Geh. Kanzl.=Rath Erbnüß ✠4 ✠3
= = = Neye ✠4 F.W.3
Geh. Rechn.=Rath Höse ✠4
Kanzl.=Rath Tissot dit Sanfin ✠4 ◯ F.W.3 LD2
= = Jachymski ✠4 F.W.3
= = Schroeder ✠4 ✠2w F.W.2 BMVK SA4 HSEA4
= = Klückmann F.W.3
= = Reich F.W.3
= = Christiani.
= = Zilß F.W.2
= = Flothow F.W.2
Geh. Registrator Scholz ✠2 F.W.3
= = Bartz ◯ F.W.3 LD2
= = Pletz F.W.3
= = Ludewig F.W.3 LD2

Geheime Kanzlei:
a. Centralkanzlei.

Geh. Kanzl.=Inspektor Bouricke ✠2 F.W.3

b. Hauptkanzlei.

Kanzl.=Rath Schur, k. i. d. Geh. Expedition.

Behörden am Lande.

Kommando der Marinestation der Ostsee.
Kiel.

Stations-Chef: Vize-Adm. v. Blanc.

Adjutantur und Stab:

1. Adj.: Korv.=Kapt. v. Sperling.
2. =   =   = Donner.
3. = Prem.=Lieut. Hildebrandt, v. Seebat.

Hafen=Kapt.: Kapt. z. S. z. D. (Char.: K.=O. 19. 3. 85) v. Levetzow, zugl. Vorst.
       b. Abwickelungsbüreaus ✠4 ✠3 ✠ MWK3 OV2b
Vermess.=Dirigent: Kapt. z. S. z. D. (Char.: K.=O. 19. 3. 85) Dittmer ✠4 ✠ VBB
Stations=Arzt: Ob.=Stabs=Arzt 1. Kl. Dr. Huethe.
 = Auditeur, Justiz=Rath Loos.
 = = = = Reichert.
 = Pfarrer: Evang. Mar.=Ob.=Pfarrer Langheld.
  Evang. Mar.=Pfarrer Heims.
   = = = Runze.
 = Pfarrer: Kath. Mar.=Ob.=Pfarrer Wiesemann.
 = Intendant: Geh. Adm.=Rath Frhr. v. Lilien.
 = Masch.=Ingenieur: Stabs=Ing. Budding.

Zur Disposition des Stations=Chefs.

Kapt. z. S. Glomsda v. Buchholtz.
 = = Aschenborn.
Korv.=Kapt. Hartog.
 = = Gr. v. Haugwitz.
 = = Koch.
 = = Frhr. v. Löwenstern.
 = = Geiseler.
 = = **Albert Wilhelm Heinrich Prinz von Preußen K. H.**

I. Marineinspektion.
Kiel.

Inspekteur: Kontre=Adm. Knorr.
Adj.: Kapt.=Lieut. Landfermann.

I. Matrosendivision.
Kiel.

Kom.: Kapt. z. S. v. Reiche.
Adj.: Lieut. z. S. Mandt.
Stabs-Arzt Dr. Thörner, zugl. 1. Abth.
Mar.-Zahlm. Gronemann, zugl. 1. Abth.

Abtheilungen:

Kom. d. 1. Abth.: Korv.-Kapt. v. Raven.
Adj.: Lieut. z. S. Paech.
Stabs-Arzt Dr. Thörner, zugl. Stab.
Mar.-Zahlm. Gronemann, zugl. Stab.
Führer d. 1. Komp.: Kapt.-Lieut. du Bois.
= = 3. = = = Kindt.
= = 5. = = = v. Gehrmann.

Kom. d. 2. Abth.: Korv.-Kapt. v. Prittwitz u. Gaffron.
Adj.: Lieut. z. S. van Niessen.
Stabs-Arzt Dr. Krause.
Mar.-Zahlm. Zühlsdorff.
Führer d. 2. Komp.: Kapt.-Lieut. da Fonseca-Wollheim.
= = 4. = = = Goetz.
= = 6. = = = Brinkmann.

Kompagnieoffiziere bei der I. Matrosendivision.

Kapt.-Lieut. Jäckel, t. z. Art.-Schießsch.
Lieut. z. S. Gercke I.
= = Franz.
= = Benzler.
= = v. Dassel II.
= = v. Möller I.
= = Klincksieck.
= = Frhr. v. Schimmel-
 mann.
= = Vanselow.
= = Brinkmann.
= = Lans.
= = Hoffmann.
= = Grapow II.
= = Hentel, t. z. Milit.-Turnanst.

Lieut. z. S. Lautenberger.
= = Lietzmann.
Unt.-Lieut. z. S. Koch III.
= = = Alberts.
= = = Behring.
= = = Kröncke.
= = = Schur.
= = = Volkmann.
= = = Evert.
= = = Begas.
= = = Scheidt.
= = = Puttfarcken.
= = = v. Witzleben II.

I. Werftdivision.
Kiel.

Kom.: Kapt. z. S. Bendemann.
Adj.: Lieut. z. S. Paschen I.
Stabs-Arzt Sander.
Mar.-Ob.-Zahlm. Albrecht, leit. Zahlm. d. Zahlmeistersektion.
Mar.-Zahlm. Nimé.

Behörden am Lande. 13

Führer der 1. Komp.: Korv.=Kapt. Gr. v. Baudiſſin.
  = = 2. =   Kapt.=Lieut. v. Dreski.
  = = 3. =   =   = Oelrichs.
  = = 4. =   =   = Jachmann.
  = = 5. =   =   = Lazarowicz.

Kompagnie=
offiziere:
{ Kapt.=Lieut. Hellhoff.
  Lieut. z. S. Bruſſatis.
    =   =   Huß.
  Unt.=Lieut. z. S. Perſius.
    =   =   Gr. v. Hoffmannsegg. }

Stabs=Ing. Budding, Stations=Ingenieur.
Maſch.=Ob.=Ing. Gebhardtsbauer, leit. Ingenieur d. Maſchiniſten=
                                          ſektion.
Maſch.=Ing. Ballerſtaedt.
  =   =   Ehrenkönig, t. z. Deckoffizierſch.
  =   =   Holländer.
  =   =   Riemann.
  =   =   Bräunig.
  =   =   Schmidt, t. z. Deckoffizierſch.
Maſch.=Unt.=Ing. Buſchmann, t. z. Beſ. b. techn. Hochſch. zu Charlotten=
                                          burg.
  =   =   =   Jantzen, desgl.
  =   =   =   Walz.
  =   =   =   Raetz.
  =   =   =   Garbe.
  =   =   =   Gottſchalk.

Von der I. Marineinſpektion reſſortiren ferner:
S. M. Panzerſchiff „Hanſa", Wachtſchiff zu Kiel, ſ. S. 126.
S. M.   =   „Bayern", ſ. S. 126.

Seebataillon.

Stab u. 1. Halbbat. (3., 5. u. 6. Komp.) Kiel; 2. Halbbat. (1., 2. u. 4. Komp.) Wilhelmshaven.

Kom.: Oberſt v. Roques, zugl. Führer d. 1. Halbbat.
Adj.: Sek.=Lieut. Bode.
Stabs=Arzt Dr. Fiſcher.
Mar.=Unt.=Zahlm. Beykirch.

---

1. Halbbataillon.

Führer: Oberſt v. Roques, Kom. d. Seebat.
Chef d. 3. Komp.: Hauptm. v. Görne.
  = = 5.   =   =   Damrath.
  = = 6.   =   =   v. Hartmann.

2*

Kompagnie-offiziere:	Prem.-Lieut. Gr. v. Herzberg	6
	= = v. Etzel	5
	Sek.-Lieut. v. Freyhold	3
	= = Knopf	6
	= = Fischer	3
	= = Hausmann	6
	= = Transfeldt	3
	= = v. Kaehne	5

Schiffsjungenabtheilung.

Friedrichsort.

Kom.: Korv.-Kapt. Büchsel.
Adj.: Lieut. z. S. Ruetz.
Mar.-Unt.-Zahlm. Braun.

Abtheilungs-offiziere:
- Kapt.-Lieut. Gerh.
- Lieut. z. S. Poock.
- = = Bauer.
- = = Schmidt II.
- Unt.-Lieut. z. S. v. Bentheim.

Behörden am Lande. 15

Kommando der Marinestation der Nordsee.
Wilhelmshaven.

Stations-Chef: Vize-Adm. Gr. v. Monts.

Adjutantur und Stab:
1. Adj.: Kapt.-Lieut. v. Henk.
2. = = = Scheder.
3. = Prem.-Lieut. Scheeffer, v. Seebat.

Hafen-Kapt.: Korv.-Kapt. z. D. (Char.: K.-O. 16. 12. 84) Schloepke, zugl. Vorst.
    b. Abwickelungsbüreaus ⚓

Vermessungs-Dirigent: Korv.-Kapt. z. D. (Char.: K.-O. 14. 6. 83) Darmer.
Stations-Arzt: Ob.-Stabs-Arzt 1. Kl. Dr. Metzner.
  = Auditeur, Justiz-Rath Dr. Herz.
  = = Sek.-Lieut. Anschütz, z. Zt. „Bismarck", Geschw.-Audit.
  = = = = Oelker.
  = Pfarrer: Evang. Mar.-Pfarrer Goebel.
    Evang. Mar.-Pfarrer Bier.
  = Pfarrer: Kath. Mar.-Pfarrer Jültenbeck.
  = Intendant: Geh. Adm.-Rath Domeier.
  = Maschinen-Ingenieur: Masch.-Ob.-Ing. Kapitzki.

Zur Disposition des Stations-Chefs:
Korv.-Kapt. Herbing.
  = = Burich.

Lootsenkommando an der Jade.
Wilhelmshaven.

Lootsen-Kom. v. Krohn ✠4 ✠4 OV3b

II. Marineinspektion.
Wilhelmshaven.

Inspekteur: Kontre-Adm. Deinhard.
Adj.: Kapt.-Lieut. Fuchs.

II. Matrosendivision.
Wilhelmshaven.

Kom.: Kapt. z. S. Oldekop.
  Adj.: Lieut. z. S. Capelle I.
  Stabs-Arzt Dr. Groppe, zugl. 1. Abth.
  Mar.-Zahlm. Dregler, zugl. 1. Abth.

Abtheilungen:

Kom. b. 1. Abth.: Korv.-Kapt. Herz.
 Adj.: Lieut. z. S. Scheer.
 Stabs-Arzt Dr. Groppe, zugl. Etab.
 Mar.-Zahlm. Dregler, zugl. Etab.
 Führer b. 1. Komp.: Kapt.-Lieut. v. Holtzendorff.
  = = 3. = = = Flichtenhöfer.
  = = 5. = = = Büllers.

Kom. b. 2. Abth.: Korv.-Kapt. Wilm.
 Adj.: Lieut. z. S. Goette.
 Stabs-Arzt Dr. Renvers.
 Mar.-Unt.-Zahlm. Wald.
 Führer b. 2. Komp.: Kapt.-Lieut. Frhr. v. Sohlern.
  = = 4. = = = Paleske.
  = = 6. = = = Krieg.

Kompagnieoffiziere bei der II. Matrosendivision.

Kapt.-Lieut. Rosenbahl.	Unt.-Lieut. z. S. Wuthmann.
Lieut. z. S. Meyer I.	= = = Heuschmann.
= = v. Bierbrauer-Brennstein.	= = = Lapken.
	= = = Back.
= = Bachem.	= = = Mauve.
= = Gühler.	= = = Behncke.
= = Richter.	= = = Clemens.
= = v. Daffel II.	= = = v. Zawadzky.
= = Grumme.	= = = Schmidt
= = v. Oppeln-Bronikowski, k. z. Milit.-Turnanst.	v. Schwind.
	= = = Thyen.
= = Recke.	= = = v. Lengerke.
= = Meier II.	= = = Scheppe.
= = Runge.	= = = v. Kries.
= = Bethge.	

II. Werftdivision.
Wilhelmshaven.

Kom.: Kapt. z. S. Stempel.
Adj.: Lieut. z. S. Wallmann.
Stabs-Arzt Dr. Wendt.
Mar.-Zahlm. Richter, k. z. Wahrn. d. Gesch. als leit. Zahlm. d. Zahlmeisterseltion.
Mar.-Zahlm. Baetge.

 Führer b. 1. Komp.: Korv.-Kapt. Rosen.
  = = 2. = Kapt.-Lieut. Heßner.
  = = 3. = = = Goecke.
  = = 4. = = = Schulz.
  = = 5. = = = Hoffmeyer.

Behörden am Lande.

Kompagnie=
offiziere:
{ Lieut. z. S. v. Brebow.
  =   =   Dunbar.
  =   =   Saß.
  =   =   Schaumann I.
  Unt.=Lieut. z. S. Behm.
  =   =   =   Ore.
  =   =   =   Czech.
  =   =   =   Kraft.

Masch.=Ob.=Ing. Kapitzki, Stations=Ingenieur.
  =   =   =   Prox, leit. Ingenieur d. Maschinistensektion.
Masch.=Ing. Herter.
  =   =   Aßmann.
  =   =   Seydell.
  =   =   Fontane.
  =   =   Beckers.
  =   =   Erhard, k. z. Bes. b. techn. Hochsch. zu Charlottenburg.
Masch.=Unt.=Ing. Hempel.
  =   =   =   Rogge.
  =   =   =   Meißner.
  =   =   =   Fornée.
  =   =   =   Schirnick.
  =   =   =   Prüssing.
  =   =   =   Schlichter.
  =   =   =   Köbisch.

Von der II. Marineinspektion ressortiren ferner:
S. M. S. „Rixe", Wachtschiff zu Wilhelmshaven, s. S. 126.
S. M. Panzerfahrzeug „Mücke", s. S. 126.

2. Halbbataillon des Seebataillons.
Wilhelmshaven.

Führer: Maj. Gresser, zugl. Vorstand d. Bekleidungsamts zu Wilhh.
Stabs=Arzt Dr. Richter.
Mar.=Zahlm. Scherler.

Chef d. 1. Komp.: Hauptm. Fähndrich.
  =   = 2.   =   =   Lettgau.
  =   = 4.   =   =   Floerke.

Kompagnie=
offiziere:
{ Prem.=Lieut. v. Prittwitz u. Gaffron   4
  =   =   Geßner   1
  Sek.=Lieut. Frhr. Treusch v. Buttlar=Brandenfels 2
  =   =   v. Bülow   4
  =   =   v. Kützleben   1
  =   =   v. d. Esch   2
  =   =   Ludendorff   4
  =   =   v. Oven   1
  =   =   Geppert   4
  =   =   v. Kamele   2

Inspektion der Marineartillerie.
Wilhelmshaven.

Inspekteur: Kapt. z. S. Mensing I.
Adj.: Kapt.-Lieut. Ascher.
Feuerw.-Prem.-Lieut. Hecker.
Corp.-Lieut. Gehl.

I. Matrosenartillerie-Abtheilung.
Friedrichsort.

Kom.: Korv.-Kapt. Rötger, zugl. Vorst. d. Minendep. zu Friedrichsort.
Adj.: Lieut. z. S. v. Cotzhausen.
Stabs-Arzt Dr.
Mar.-Unt.-Zahlm. Hellfach.
Führer d. 1. Komp.: Kapt.-Lieut. v. Haeseler.
    = = 2. = = = Rüdiger.
    = = 3. = = = v. d. Gröben.

Kompagnieoffiziere:
    Lieut. z. S. Prowe   3
    = = v. Koppelow   2
    = = Kayser II.   1
    Unt.-Lieut. z. S. Reche   1
    = = = Bode   2
    = = = Philipp   3

II. Matrosenartillerie-Abtheilung.
Wilhelmshaven.

Kom.: Korv.-Kapt. Rittmeyer, zugl. Vorst. d. Minendep. zu Wilhelmshaven.
Adj.: Lieut. z. S. Reitzke.
Stabs-Arzt Dr. Brunhoff.
Mar.-Unt.-Zahlm. Fichtner.
Führer d. 1. Komp.: Kapt.-Lieut. v. Arend.
    = = 2. = = Weihe.
    = = 3. = = Herrmann.

Kompagnieoffiziere:
    Lieut. z. S. Gr. v. Bernstorff   1
    = = Bruch   2
    = = Hilbrand   3
    Unt.-Lieut. z. S. v. Born   3
    = = = Schäfer III.   2
    = = = Louran   1

III. Matrosenartillerie-Abtheilung.
Lehe.

Kom.: Korv.-Kapt. Frhr. v. Erhardt, zugl. m. Wahrn. d. Gesch. d. Kommandantur zu Geestemünde beauftr.
Adj.: Lieut. z. S. Janke.
Stabs-Arzt Schreuer.
Mar.-Zahlm. Steinhäuser.

Behörden am Lande.

Führer b. 1. Komp.: Kapt.-Lieut. Reincke.
 = = 2. =   = = Stoltz.
 = = 3. =   = = Gr. v. Moltke I.
Kompagnieoffiziere: { Lieut. z. S. Faber 2
 = = Janns 1
 = = Schmidt I. 3
Unt.-Lieut. z. S. Gampenrieder 2
 = = = Elvers 1
 = = = Berninghaus 3

Artilleriedepot zu Friedrichsort.

Vorstand: Korv.-Kapt. Valette, Art.-Offiz. v. Platz.
Zeug-Hauptm. Zimmermann.
 = = Hanig.
Feuerw.-Prem.-Lieut. Tautz.
Zeug-Prem.-Lieut. Weinert.
Feuerw.-Lieut. Mannigel.
 = = Raasch.
 = = Röttcher.

Artilleriedepot zu Wilhelmshaven.

Vorstand: Korv.-Kapt. Klausa, Art.-Offiz. v. Platz.
Zeug-Hauptm. Brandt.
 = = Pudor.
Zeug-Prem.-Lieut. Wien.
Feuerw.-Prem.-Lieut. Knauth.
 = = = Klopsch, t. z. Abm.
 = = = Hecker, t. z. Insp. d. Marineart.
Zeug-Lieut. Berling.
Feuerw.-Lieut. Worrmann.
Zeug-Lieut. Kannenberg.

Artilleriedepot zu Geestemünde.

Vorstand: Korv.-Kapt. Maschke, Art.-Offiz. v. Platz, zugl. Vorst. d. Minendep. zu Geestemünde.
Feuerw.-Hauptm. Harcks.
Feuerw.-Prem.-Lieut. Pribnow.
Feuerw.-Lieut. Hanff.

Minendepot zu Friedrichsort.

Vorstand: Korv.-Kapt. Rötger, zugl. Kom. d. I. Matrosenart.-Abth.
Torp.-Kapt.-Lieut. Kuhnke.
Torp.-Unt.-Lieut. Zimmermann.

Behörden am Lande.

Minendepot zu Wilhelmshaven.

Vorstand: Korv.-Kapt. Rittmeyer, zugl. Kom. d. II. Matrosenart.-Abth.
Torp.-Kapt.-Lieut. Heider, t. als Lehrer z. Deckoffizierich.
Torp.-Lieut. Gehl, t. z. Insp. d. Marineart.
Torp.-Unt.-Lieut. Matz.

Minendepot zu Geestemünde.

Vorstand: Korv.-Kapt. Maschke, zugl. Vorst. d. Artilleriedep. zu Geestemünde.
Torp.-Lieut. Lübtke.
Torp.-Unt.-Lieut. Wietz.

Von der Inspektion der Marineartillerie ressortirt ferner:
S. M. S. „Mars", Artillerie-Schulschiff zu Wilhelmshaven, s. S. 126.

Inspektion des Torpedowesens.
Kiel.

Inspekteur: Korv.=Kapt. Tirpitz.
  Adj.: Lieut. z. S. Winkler.
  Masch.=Unt.=Ing. Flügger.
  Schiffsb.=Dir. Schunke.
  Maschinenb.=Ob.=Ing.
  Mar.=Zahlm.
  Elektro=Techniker: vakat.

I. Torpedoabtheilung.
Kiel.

Kom.: Korv.=Kapt. Fischel.
  Adj.: Lieut. z. S. Peters.
  Masch.=Unt.=Ing. Orlin.
  Stabs=Arzt Dr. Schneider.
  Mar.=Unt.=Zahlm. Roß.
  Führer d. 1. Komp.: Kapt.=Lieut. Zeye.
    = = 2. =   =   = Schröder.

Kompagnie=offiziere:
  Lieut. z. S. Lilie   1
   =   = v. Krosigk   2
  Unt.=Lieut. z. S. Hennings   2
   =   =   = Fromm   1

Lieut. z. S. Wilde,
  = = Nickel,   } Kombin. d. Schul=Torpedoboote.
Masch.=Unt.=Ing. Schütze.
  = = = Eggert.

II. Torpedoabtheilung.
Wilhelmshaven.

Kom.: Korv.=Kapt. Hofmeier.
  Adj.: Lieut. z. S. v. Colomb.
  Masch.=Unt.=Ing. Barth.
  Stabs=Arzt Dr. Dreising.
  Mar.=Unt.=Zahlm. Vorpahl.
  Führer d. 1. Komp.: Kapt.=Lieut. Truppel.
    = = 2. =   =   = Hartmann.

Kompagnie=offiziere:
  Lieut. z. S. v. Bassewitz   2
   =   = Grapow I.   1
  Unt.=Lieut. z. S. Mischke   1
   =   =   = Grüttner   2

Lieut. z. S. Poschmann,
  = = Becker,   } Kombin. d. Schul=Torpedoboote.
Masch.=Unt.=Ing. Dittrich.

Torpedo-Versuchskommando.
Kiel.

Präses: Korv.-Kapt. v. Ahlefeld, Kommandant S. M. S. „Blücher".
Lieut. z. S. Rollmann.
  =   = Meyeringh.

Torpedodepot zu Friedrichsort.

Vorstand: Kapt.-Lieut. Harms.
Torp.-Lieut. Schmidt.
Torp.-Unt.-Lieut. Dreßler.
  =   =   =   Nitsch.
  =   =   =   Kickhöfel.
Torp.-Unt.-Ing. Siggelkow.
  =   =   =   Egger.

Von der Inspektion des Torpedowesens ressortiren ferner:
S. M. S. „Blücher", Torpedo-Schulschiff zu Kiel, s. S. 126.
Die in Dienst befindlichen Torpedoboote, s. S. 126.

Behörden am Lande.

Kommandanturen.

Kommandantur zu Kiel.

Kommandant: m. Wahrn. d. Gesch. beauftr.: **Oberst v. Roques**, Kom. d. Seebat.
Platzmajor: Kapt.=Lieut. **Seweloh**, à la suite der Marine.

Kommandantur zu Friedrichsort.

[Die Geschäfte der Kommandantur werden von dem Garnison=Aeltesten in Friedrichsort, als Vertreter des Chefs der Marinestation der Ostsee, wahrgenommen.]

Friedrichsort und Hafenbefestigung von Kiel.

Art.=Offiz. v. Platz: Korv.=Kapt. **Valette**, Vorst. d. Artilleriedep. zu Friedrichsort.
Ing.=Offiz. v. Platz: Maj. v. **Reinbrecht** ✠2 ✠
Zum Fortifikationsdienst: Hauptm. **Fellbaum** ✠2
                       Prem.=Lieut. Frhr. v. **Schrötter**.
                       Sek.=Lieut. **Wohlgemuth**.
                       = = **Hildemann**.

Kommandantur zu Wilhelmshaven.

[Der Chef der Marinestation der Nordsee ist gleichzeitig Kommandant von Wilhelmshaven.]
Art.=Offiz. v. Platz: Korv.=Kapt. **Klausa**, Vorst. d. Artilleriedep. zu Wilhelmshaven.
Ing.=Offiz. v. Platz: Maj. **Kluge** ✠2 ✠
Zum Fortifikationsdienst: Sek.=Lieut. **Wurster**.
                       = = **Peterson**.

Kommandantur zu Geestemünde.

(Stabsquartier: Lehe.)

Kommandant: m. Wahrn. d. Gesch. beauftr.: Korv.=Kapt. Frhr. v. **Erhardt**, Kom. d. III. Matrosenart.=Abth.
Art.=Offiz. v. Platz: Korv.=Kapt. **Maschke**, Vorst. d. Artilleriedep. zu Geestemünde.
Ing.=Offiz. v. Platz: Maj. **Volkmann** ✠2 ✠
Zum Fortifikationsdienst: Prem.=Lieut. **Siekel**.
                       Sek.=Lieut. **Mertens**.

Schiffs=Prüfungskommission.

Kiel.

Präses: Kapt. z. S. Frhr. v. **Hollen**.
Adj.: Lieut. z. S. **Scheibel**.
Korv.=Kapt. **Diederichsen**.
= = **Hirschberg**.
Kapt.=Lieut. **Wachenhusen**.
Lieut. z. S. **Friedrich**.
= = **Sommerweck**.
    Außerdem:
Kapt. z. S. **Plüddemann**, außerordentl. stimmber. Mitgl.

Technische Institute.

Werft zu Danzig.

Ober-Werft-Direktor: Kapt. z. S. Valois.
Adj.: Lieut. z. S. Schröder.
Ausrüstungs-Direktor: Korv.-Kapt. Piraly.
Schiffsbau-Direktor: Wirkl. Adm.-Rath Zeysing.
Maschinenbau-Direktor: m. Wahrn. d. Gesch. beauftr.: Maschinenbau-Ob.-Ing. Langner.
Hafenbau-Direktor Müller.
Verwaltungs-Direktor: vakat.

Technische Beamte.
Ingenieure:
Schiffsbau: Ob.-Ing. v. Lindern.
    Ing. Wiesinger.
Maschinenbau: Ob.-Ing. Aßmann.
   =   = Weispfenning.
   Ing., Prem.-Lieut. Bertram.
   = Veith.

Verwaltungsbeamte.
Rendanten:
Häpke.
Zernecke.

Werft zu Kiel.

Ober-Werft-Direktor: Kapt. z. S. Koester.
Assist.: Kapt.-Lieut. Draeger.
Adj.: Lieut. z. S. v. Bunsen.
Ausrüstungs-Direktor: Korv.-Kapt. Schwarzlose.
Artillerie-Direktor: Korv.-Kapt. z. D. (Patent v. 14. 3. 85) Langemak ✠
    Feuerw.-Hauptm. Thoma, k. z. Adm. u. als Lehrer z. Ober-feuerw.-Schule.
    = = v. Witkowski.
    Zeug-Hauptm. Zakrzewski.
    Feuerw.-Prem.-Lieut. Runge.
    Feuerw.-Lieut. Sassenhagen.
Torpedo-Direktor: Kapt.-Lieut. Wodrig.
Navigations-Direktor: Kapt. z. S. z. D. (Char.: K.-O. 19. 3. 85) Becks ✠4 ✠
Schiffsbau-Direktor Gebhardt.
Maschinenbau-Direktor Meyer.
Hafenbau-Direktor Franzius.
Verwaltungs-Direktor: Int.-Rath, Sek.-Lieut. Seeber.

Behörden am Lande.

Technische Beamte.

Ingenieure:

Schiffsbau: Ob.-Ing. Pannecke.
              = = van Hüllen.
              = = Bartsch.
              = = Hauptm. Rubloff.
              = = Hoßfeld.
              Ing. Schröbter.
              = Sek.-Lieut. Rauchfuß, t. z. Abm.
              = Rasch.
              = Kretschmer, t. z. Abm.
              = Graeber.
              = Unt.-Lieut. z. S. Johow.
              = Sek.-Lieut. Schwarz, t. z. Abm.
Maschinenbau: Ob.-Ing. Beck.
              = = Görris.
              Ing. Thomsen.
              = Petzsch, t. z. Abm.
              = Lehmann.
              = Busley.
              = Uthemann.
              = Eickenrodt, t. z. Abm.
              = Ofers.
              = Lechner.
Hafenbau: Ob.-Ing. Schirmacher, f. Hafenbaukomm.

Verwaltungsbeamte.

Rendanten:

Heinrich, Rechn.-Rath.
Fingerhuth.
Rose.

Werft zu Wilhelmshaven.

Ober-Werft-Direktor: Kapt. z. S. Karcher.
  Assist.: Kapt.-Lieut. Stiege.
  Adj.: Lieut. z. S. Bachmann.
Ausrüstungs-Direktor: Korv.-Kapt. v. Schuckmann I.
Artillerie-Direktor: Kapt. z. S. z. D. (Char.: K.-O. 20. 9. 86) Bar. v. Ucker-
              mann ✠4 ✠ HSEH3u ÖsTM2

Feuerw.=Hauptm. Brandt.
= = Ebert.
Feuerw.=Prem.=Lieut. Dau.
= = = Prollius, t. z. Abm.
Feuerw.=Lieut. Palm.
Torpedo=Direktor: Kapt.=Lieut. Hasenclever.
Torp.=Unt.=Lieut. Wubtke.
Navigations=Direktor: Korv.=Kapt. z. D. (Char.: K.-O. 17. 7. 86) Kelch.
Schiffsbau=Direktor: Wirkl. Adm.=Rath Guyot.
Maschinenbau=Direktor: Adm.=Rath Bauck.
Hafenbau=Direktor Rechtern.
Verwaltungs=Direktor: Int.=Rath, Sek.=Lieut. Noback.

Technische Beamte.
Ingenieure:
Schiffsbau: Ob.=Ing. Paschen.
= = Lindemann.
= = Jäger.
Ing., Sek.=Lieut. Krieger.
= Janke.
= Brinkmann.
= Scheibel.
= Sek.=Lieut. Giese.
Maschinenbau: Ob.=Ing., Hauptm. Schulze.
= = Mechlenburg.
= = Hoffert.
= = Dübel.
Ing. Nott.
= Strangmeyer.
= Thämer.
= Prem.=Lieut. Köhn v. Jaski.
= Plate.
= Schlüter.

Verwaltungsbeamte.
Rendanten:
Janisch, Rechn.=Rath.
Schultz.

Hafenbaukommission zu Kiel.
Hafenbau=Direktor Franzius.
= Ob.=Ing. Schirmacher.

Hafenbaukommission zu Wilhelmshaven.
Hafenbau=Direktor Rechtern.

Behörden am Lande. 27

Wissenschaftliche Institute.

Direktion des Bildungswesens der Marine.
Kiel.
Direktor: Kapt. z. S. Schering.

Marineakademie und -Schule.
Kiel.
Direktor: Kapt. z. S. Schering.
Korv.=Kapt. z. D. (Char.: K.-D. 18. 5. 86) Tesdorpf, Bureauchef und Biblio=
thekar DD3
Ob.=Stabs=Arzt 1. Kl. Dr. Gutschow.
Mar.=Zahlm. Coler.

a. Marineakademie.
Direktionsoffizier: Korv.=Kapt. Foß.
Lehrer: Kapt. z. S. v. Diederichs.
   Oberst v. Roques.
   Korv.=Kapt. Fischel.
   Maj. v. Reinbrecht.
   Korv.=Kapt. a. D. v. Holleben ⚔4 ✠
   Ob.=Stabs=Arzt 1. Kl. Dr. Gutschow.
   Justiz=Rath Loos.
   Hafenbau=Dir. Franzius.
   Schiffsbau=Ob.=Ing. van Hüllen.
   Maschinenbau=Ing. Busley.
   Professor Dr. Ligowski ⚔4 E.W.3
      =   Dr. Rellstab.
   Dr. Zielcke RSt3
Dozenten: Professor Dr. Backhaus.
      =   Dr. Weyer ⚔4
      =   Dr. Peters.
      =   Dr. Pochhammer.
      =   Dr. Krümmel.
      =   Dr. Brandt.

I. Coetus.
Kapt.=Lieut. Sarnow.
  =   =   Holzhauer.
  =   =   Rottok.
Lieut. z. S. Schnars.
  =   =   Gildemeister.
  =   =   Hoepner.
  =   =   Wentzel.
  =   =   v. Klein.

II. Coetus.
Kapt.=Lieut. Gülich.
  =   =   Gr. v. Moltke II.
  =   =   Heyn.
  =   =   Coßmann.
  =   =   Etienne.
  =   =   Coerper.
  =   =   Follenius.
Lieut. z. S. Hobein.

b. Marineschule.

Direktionsoffizier: Korv.-Kapt. Foß, zugl. Lehrer.
Lehrer: Korv.-Kapt. Riebel.
   = = Fischel.
   = = a.D. v. Holleben.
Hauptm. Damrath, v. Seebat.
Sek.-Lieut. Bode, desgl.
   = = Knopf, desgl.
Schiffsbau-Ob.-Ing., Hauptm. Rubloff.
Maschinenbau-Ing. Busley.
Professor Dr. Ligowski.
Professor Dr. Rellstab.
Dr. Zielcke.

Inspektionsoffiziere:

Lieut. z. S. Wislicenus, zugl. Lehrer.
  = = Gerdes, desgl.
  = = Kutter, desgl.

Offizierkursus.

Unt.-Lieut. z. S. Ritter v. Mann-
                Tiechler.
  = = = Boedicker.
  = = = Hopman.
  = = = Meyer III.
  = = = v. Hippel.
  = = = v. Ammon.
  = = = Bertram.
  = = = Rogge.
  = = = Zimmermann II.
  = = = Gudewill.
  = = = Nordmann.
  = = = Herrklotsch.
  = = = Engel II.
  = = = Mayer IV.
  = = = Trendtel.
  = = = Senner.
  = = = Boyes.
  = = = Müller II.
  = = = Abers.

Unt.-Lieut. z. S. Forstreuter.
  = = = Herrmann.
  = = = Meyer V.
  = = = v. Kalben.
  = = = v. Windheim.
  = = = Frhr. v. Dalwigk-
                Lichtenfels.
  = = = Petruschky.
  = = = Frhr. v. Meer-
            scheidt-Hüllessem.
  = = = Jantzen II.
  = = = Mahrenholz.
  = = = v. Jachmann.
  = = = v. Rothkirch u.
                Panthen.
  = = = Troje.
  = = = Frey.
  = = = v. Holbach.
  = = = Engelhardt.
  = = = Blomeyer.

Behörden am Lande.

Deckoffizierschule.
Kiel.

Direktor: Oberst z. D. (Char.: K.-O. 24. 10. 85) Vogel ⚔4 ✠3 ⚔

Lehrer:

Kapt.=Lieut. Obenheimer.
= = Frhr. v. Malapert=
  Neufville.
Lieut. z. S. Lampson.
= = Sonntag.
Masch.=Ing. Ehrenkönig.
= = Schmidt.
Torp.=Kapt.=Lieut. Heiber.
Schiffsbau=Ob.=Ing., Hauptm.
  Rubloff.

Maschinenbau=Ing. Busley.
= = Ofers.
Lehrer Dr. Zielcke.
Gymnas.=Lehrer Michaelsen.
= = Koopmann.
= = Dr. Schlichting.
Lehrer Dr. Schraber.
Ob.=Realschul=Lehrer Dr. Hasberg.
Chemiker Dr. Schulte.
Ob.=Realschul=Lehrer Thiermann.

Deutsche Seewarte.
Hamburg.

Direktor: Geh. Adm.=Rath, Professor Dr. Neumayer ✠3 ⚔2 BStMV2b
  BZL2b DD2b JK3 ÖFJ2
Abtheilungs=Vorsteher Kolbewey ⚔4 JK5 ÖFJ3
= = Professor Dr. Köppen.
= = Dr. van Bebber ⚔4
= = Dinklage.

Vorsteher des Chronometer=Instituts:

Direktor der Sternwarte zu Hamburg (mit dem Range eines Abtheilungs=Vorstehers)
  Rümcker ⚔4

Assistent Eylert.
= Haltermann.
= Dr. Herrmann.

Verwaltungsbehörden.

Intendantur der Marinestation der Ostsee.
Kiel.

Stations-Intendant: Geh. Adm.-Rath Frhr. v. Lilien.
Int.-Rath, Prem.-Lieut. Dr. Arenth.
= = Sek.-Lieut. Seeber, t. z. Verwaltungsabth. d. Werft zu Kiel.
= = = Koch.
= Assessor, Kapt.-Lieut. a. D. Mauve.
= Referendar, Sek.-Lieut. v. Cölln.
= = = = Kabus.

Garnisonbau-Ob.-Ing. Krafft.

Stationskasse der Marinestation der Ostsee.
Kiel.

Rendant: Mar.-Ob.-Zahlm. Meding.
Kontroleur: Mar.-Zahlm. Korte.
Mar.-Unt.-Zahlm. Schmidt II.
= = = Hoffmann.
= = = Krause.
= = = Wapnewski.

Bekleidungsamt der Marinestation der Ostsee.
Kiel.

Vorstand: Hauptm. Lölhöffel v. Löwensprung, v. Seebat.
Rendant Rehbing.
Leiter der Werkstatt: Mar.-Ob.-Zahlm. Wolff.

Verpflegungsamt der Marinestation der Ostsee.
Kiel.

Rendant: Kontroleur Stärke, t. z. Dienstl.

Garnisonverwaltung zu Kiel.
Garnisonverw.-Ob.-Insp. Rhan.

Garnisonverwaltung zu Friedrichsort.
Garnisonverw.-Insp. Rostock.

Intendantur der Marinestation der Nordsee.
Wilhelmshaven.

Stations-Intendant: Geh. Adm.-Rath Domeier.
Int.-Rath Hildebrand.
= = Sek.-Lieut. Noback, k. z. Verwaltungsabth. d. Werft zu Wilhelmshaven.
= = = = Meyer.
= Assessor, Sek.-Lieut. Dr. Albath.
= Referendar, Sek.-Lieut. Junge.
= = = = Hoefer.

Garnisonbau-Ob.-Ing., Hauptm. Bugge.

Stationskasse der Marinestation der Nordsee.
Wilhelmshaven.

Rendant: Mar.-Ob.-Zahlm. Riemer.
Kontroleur: Mar.-Zahlm. Schmidt I.
Mar.-Unt.-Zahlm. Lange.

Bekleidungsamt der Marinestation der Nordsee.
Wilhelmshaven.

Vorstand: Maj. Gresser, Führer d. 2. Halbbat. d. Seebat.
Rendant Arendt.
Leiter der Werkstatt: Mar.-Ob.-Zahlm. Dombrowsky.

Verpflegungsamt der Marinestation der Nordsee.
Wilhelmshaven.

Rendant: Kontroleur Hoffmann, k. z. Dienstl.

Garnisonverwaltung zu Wilhelmshaven.

Garnisonverw.-Dir. Schach.

Marine-Lazarethe.

Lazareth zu Kiel.

Chef-Arzt: Ob.-Stabs-Arzt 1. Kl. Dr. Huethe.
Ob.-Laz.-Insp. Oheim.

Lazareth zu Friedrichsort.

Chef-Arzt: Ob.-Stabs-Arzt 2. Kl. Dr. Braune.
Laz.-Insp. Mönch.

Lazareth zu Wilhelmshaven.

Chef-Arzt: Ob.-Stabs-Arzt 1. Kl. Dr. Metzner.
Ob.-Laz.-Insp. Reimann.

Lazareth zu Yokohama.

Chef-Arzt: Stabs-Arzt Dr. Kleffel.
Laz.-Insp. Metze.

Offiziere à la suite der Marine.

Kontre-Admirale.

Friedrich Wilhelm Prinz von Hessen-Philippsthal-Barchfeld H. (Char.: K.-O. 22. 8. 64)
✠1 *GHgL GHL1 OV1 HSEH1 SS1*

Gr. v. Walderſee (Char.: K.-O. 23. 8. 83.) ✠4 ▮2 ✠ ◯R ✠ *BCV3 GCM*

Kapitän-Lieutenant.

Seweloh (Patent v. 14. 5. 81.) Platzmajor zu Kiel.

Hauptmann.

Detring (Patent v. 24. 1. 85 D.) ▮2 (m. d. Uniform d. Seebat.), Admiralität.

Admirale.

Vize-Admirale.

Gr. v. Monts (Patent v. 24. 9. 84) ✠2mSt ✠4 ✠4 ○R ✠ BStMV1 OV1 GOM HKI2 RSt1 RA3 Chef der Marinestation der Nordsee.

v. Blanc (Patent v. 14. 5. 87) ✠2 ✠2mSt ✠ BStMV1 HSEH2b FEL5 JK2 SK1 TNJft2 Chef der Marinestation der Ostsee.

Kontre-Admirale.

Frhr. v. d. Goltz (Patent v. 16. 8. 83 A.) ✠2 ✠2 ✠ OV2a NO2b VBB Direktor des Marinedepartements der Admiralität.

Knorr (Patent v. 16. 8. 83 B.) ✠2 ✠2 ✠2 ✠ ZstSt2a Inspekteur der I. Marineinspektion.

Paschen (Patent v. 22. 3. 86; Char.: K.-O. 1. 10. 85) ✠3 ✠2 ○R ✠ BStMV2a MWK2b MMV2 ÖEK3KD ÖMVKD JVAS2 Vorstand des Hydrographischen Amtes der Admiralität.

v. Kall (Patent v. 14. 5. 87) ✠3 ✠4 ✠2 ✠ JMuL3 ÖEK3KD Chef des Schulgeschwaders.

Deinhard (Patent v. 15. 11. 87) ✠3 ✠2 ✠ HSEH3a TNJft2 Inspekteur der II. Marineinspektion.

Abg.: Vize-Adm. v. Wickede (A. K.-O. v. 5. 5. 87) t. Genehm. f. Abschiedsges. m. d. gesetzl. Pens. z. D. gest.; Kontre-Adm. Pirner (A. K.-O. v. 18. 10. 87) b. nachges. Absch. m. d. gesetzl. Pens. bew.

Seeoffizierkorps.

Charge, Namen, Orden und Ehrenzeichen.	Stationsort.	Dienst-eintritt.	Gesammt-Seedienstzeit. J. M.	Seedienstzeit in der innehabenden Charge. J. M.	Datum des Patents.	Dienstverhältniß.
Kapitäne zur See.						
Hollmann, Friedrich ✠3 ✠2 ✠ JMuL3 NO2b RSt2mSt	B	18. 6. 57	15 5	2 2	15. 2. 81 A.	Chef b. Stabes b. Admiralität.
Heusner, Eduard ✠3 ✠2 ✠ RSt2 VBB	O	do.	18 10	1 6	12. 4. 81	Chef b. Kreuzer-geschwaders u. Kommodore.
Schering, Rudolf ✠3 ✠2 ✠ SA2b JVAS2 ÖEK2 RSt2	O	21. 6. 58	15 10	2 —	do. B.	Dir. b. Bildungsw. b. Marine.
Schröder, Wilhelm ✠3 ✠2 ✠ SA2b DD2b VBB	B	do.	12 9	1 10	do. C.	k. b. b. Botschaft zu London.
Koester, Hans ✠3 ✠2 ✠ HK2b JVAS3	O	21. 6. 59	17 10	1 6	17. 12. 81	Ober-Werft-Dir. b. Werft zu Kiel.
Valois, Viktor ✠3 ✠2 ✠3 ✠ NO3	O	18. 6. 57	17 3	2 6	do. A.	Ober-Werft-Dir. b. Werft zu Danzig.
Frhr. v. Hollen, George ✠3 ✠3 ○ ✠ ÖsTM1	O	21. 6. 59	12 10	1 —	1. 4. 82	Präses b. Schiffs-Prü-fungskomm.
Mensing L., Franz ✠3 ✠ HK2b	N	27. 6. 66	16 9	2 9	do. A.	Insp. b. Marineart.
Glomsba v. Buchholtz, Eugen ✠3 ✠3 ✠ TNJf3	O	4. 1. 64	24 7	3 5	30. 3. 83	Kiel.
Karcher, Guido ✠3 ✠2 ✠	N	21. 6. 59	15 3	1 4	16. 8. 83	Ober-Werft-Dir. b. Werft zu Wilhh.
Stempel, Gustav ✠3 ✠ TNJf3 VBB3	N	17. 12. 63	19 9	2 6	do. A.	Komdr. II. Werftdiv.

36 Kapitäne zur See.

Charge, Namen, Orden und Ehrenzeichen.	Stationsort.	Dienst= eintritt.	Ge= sammt= See= dienst= zeit. J. M.	See= dienstzeit in der inne= habenden Charge. J. M.	Datum des Patents.	Dienst= verhältniß.
Dietert, Konrad ✠3 ✠4 ✠ BStMV2b PC2	N	16. 6. 60	15 3	2 5	12. 2. 84	Mars, Kombt.
Schulze, Max ✠3 ◯ ✠ ÖsTM1 TNJft3 VBB3	O	18. 6. 61	15 8	— 1	3. 2. 85 A.	Stein, Kombt.
v. Pawelsz, Friedrich ✠3 ◯ ✠ ÖsTM1 RSt2 TM3 TNJft3	N	16. 6. 60	16 —	— 4	17. 2. 85	Prinz Adal= bert, Kombt.
v. Reiche, Ernst ✠3 ✠4 ✠ ✠ SK3 VBB3	O	15. 12. 63	19 8	1 —	do. A.	Kom. d. I. Matrosendiv.
v. Ryckbusch, Franz ✠3 ✠ ÖFJ2	O	16. 6. 60	18 5	2 3	19. 3. 85	Bayern, Kombt.
Kuhn, Franz ✠3 ✠3 ✠2 ✠ ZstSt2b	N	13. 4. 59 21. 6. 66	23 4	2 1	do. A.	Bismarck, Kombt.
Thomsen, August ✠4 ✠3 ✠ CD2b SS3c	B	11. 1. 62	12 —	— 7	18. 8. 85	Gneisenau, Kombt.
Frhr. v. Rössing, Rudolf ✠4 ✠3 ✠ DD2b ÖEK3 ÖsTM2 RSt2 NO3 TM3 VBB3	B	18. 6. 61	13 2	— 5	24. 10. 85	k. b. d. Bot= schaft zu St. Petersburg.
Chüben, Hermann ✠4 ✠3 ✠	N	7. 4. 62	13 6	— 2	12. 1. 86	Nixe, Kombt.
v. Diederichs, Otto ✠4 ✠	O	1. 1. 62 6. 9. 65	13 2	— 1	18. 2. 86	Marineakad., Lehrer.
Olbekop, Iwan ✠4 ✠3 ✠3 ✠ RA3✕ RKM77/78	N	1. 5. 65	16 9	1 4	22. 3. 86	Kom. d. II. Matrosendiv.
Hoffmann, Paul ✠4 ✠3 ✠	B	15. 6. 63	13 —	— 5	do. A.	Admiralität.
Aschenborn, Richard ✠4 ✠	O	7. 4. 62	15 2	— 10	18. 5. 86	Kiel.
Frhr. v. Senden=Bibran, Gustav ✠4 ✠4 ✠ JVAS3 TM3	B	do.	13 8	— —	18. 9. 86	Admiralität.
Barandon, Karl ✠4 ✠3 ◯R ✠	O	1. 4. 66	15 11	— 6	14. 5. 87	Ariadne, Kombt.
Bendemann, Felix ✠4 ✠3 ✠2 ✠ WF2b✕ ZstSt2b	O	9. 6. 64	13 6	— —	22. 10. 87	Kom. d. I. Werftdiv.
Plüddemann, Max ✠4 ✠	O	15. 6. 63	15 7	— —	do. B.	Schiffs=Prü= fungskomm.
Junge, Franz ✠4 ✠ TM3	O	17. 6. 68	12 11	— —	do. C.	Hansa, Kombt.

Kapitäne zur See. — Korvetten-Kapitäne. 37

Charge, Namen, Orden und Ehrenzeichen.	Stationsort.	Dienst-eintritt.	Ge-sammt-See-dienst-zeit. J. M.	See-dienstzeit in der inne-habenden Charge. J. M.	Datum des Patents.		Dienst-verhältniß.
Dautwitz, Rudolf ⊕4 ⚔ OV3a HKO2b	O	9. 8. 63	14 11	— —	15. 11. 87		Moltke, Kombt.
Menfing II., Adolf ⊕4 ⚔	B	1. 7. 60	13 1	— —	K.-O. 30. 3. 83 Char.		Hydrogr. Amt d. Admiralität.
Korvetten-Kapitäne.							
Schwarzlose, Gustav ⊕4 ⚔3 ⚔ VBB3	O	15. 6. 63	13 2	2 7	16. 4. 81	A.	Ausrüst.-Dir. b. Werft zu Kiel.
Strauch, Franz ⊕4 ⚔	N	9. 6. 64	10 10	2 —	do.	C.	Olga, Kombt.
Cochius, Viktor ⊕4 ⚔ SK4	O	15. 6. 63	13 9	1 10	do.	D.	Sophie, Kombt.
Hartog, Eduard ⊕4 ⚔	O	do.	14 3	2 11	do.	F.	Kiel.
Aschmann, Ernst ⊕4 ⚔ VBB	N	do.	15 6	2 6	18. 8. 81		Carola, Kombt.
Tirpitz, Alfred ⊕4 ⚔3 SMK2	O	24. 4. 65	11 8	2 4	17. 9. 81	A.	Insp. b. Tor-pedowesens.
v. Arnim, Volkmar ⊕4 ⚔ VBB	B	15. 6. 63	14 —	2 5	17. 12. 81		Admiralität.
Gr. v. Haugwitz, Kurt ⊕4 ⚔ VBB3	O	do.	13 8	2 11	do.	A.	Kiel.
Boeters, Oskar ⊕4 ⚔ ZstSt2b	O	1. 5. 65	11 4	2 9	17. 1. 82		Möwe, Kombt.
Klausa, Oskar ⊕4 ⚔	N	24. 4. 65	14 7	3 —	20. 4. 82		Art.-Offiz. v. Platz u. Vorst. b. Artillerie-dep. zu Wilhh.
Büchsel, Wilhelm ⊕4 ⚔	O	do.	12 11	1 5	do.	A.	Kom. b. Schiffs-jungenabth.
Sack, Hans ⊕4 ⚔ CD2b	B	do.	9 3	— 4	do.	B.	Admiralität.
Frhr. v. Bodenhausen, Konrad ⊕4 ⚔ ⚔ NO3	B	8. 9. 65	10 10	— 5	13. 6. 82		do.
Claußen v. Finck, Adolf ⊕4 ⚔3 ⚔	O	18. 6. 64	12 6	1 3	19. 10. 82		Luise, Kombt.
Koch, Walter ⊕4 ⚔ TO3 TM3	O	24. 4. 65	12 11	2 8	14. 4. 83		Kiel.
v. Wietersheim, Friedrich ⊕4 ⚔4 ⚔ TM3	O	8. 9. 65	13 8	2 6	16. 8. 83		Adler, Kombt.
v. Schuckmann I., Hugo ⊕4 OR ⚔ JMuL5 OV3b TM4 TNJft4	N	24. 4. 65	16 —	2 4	do.	A.	Ausrüst.-Dir. b. Werft zu Wilhh.
v. Raven, Max ⊕4 ⚔ HSEH3a PC3	O	1. 5. 65	12 2	1 3	do.	B.	Kom. b. 1. Abth. b. I. Matrosendiv.

Charge, Namen, Orden und Ehrenzeichen.	Stationsort.	Dienst-eintritt.	Gesammt-Seedienstzeit. J. M.	Seedienstzeit in der inne-habenden Charge. J. M.	Datum des Patents.		Dienst-verhältniß.
Geißler, Richard ✠4 ✠ HK3 SJ2b	B	1. 5. 65	11 8	2 1	15. 12. 83		Admiralität.
Rötger, Fritz ✠4 ✠	O	24. 4. 65	16 1	2 11	19. 4. 84		Kom. b. I. Matrosen-art.-Abth.
Frhr. v. Löwenstern, Georg ✠4 ◯R ✠	O	6. 9. 64	12 5	— 6	17. 6. 84		Kiel.
Geißeler, Wilhelm ✠	O	24. 4. 65	16 —	1 8	13. 9. 84		do.
v. Schuckmann II., Oskar ✠	N	9. 6. 64	10 10	— 1	16. 12. 84		Habicht, Kombt.
Diederichsen, Otto ✠	O	21. 4. 66	12 7	— 6	do.	A.	Schiffs-Prü-fungskomm.
Fritze, Ernst ✠4 ✠WK3b BrsR4 VBB	B	15. 7. 64	13 4	— —	15. 1. 85		Mitgl. d. Art.-Prüfungs-komm.
Frhr. v. Erhardt, Armand ✠	N	20. 8. 64	12 5	— 4	14. 3. 85	A.	Kom. b. III. Matrosen-art.-Abth.
v. Prittwitz u. Gaffron, Kurt ✠4 ✠	O	21. 4. 66	12 11	1 7	do.	C.	Kom. b. 2. Abth. b. I. Matrosendiv.
Rittmeyer, Rudolf ✠ TM3	N	do.	13 3	— 7	19. 3. 85		Kom. b. II. Matrosen-art.-Abth.
v. Ehrenkrook, Friedrich ✠4	B	do.	7 3	— —	do.	A.	Admiralität.
Wilm, Franz ✠	N	do.	14 4	1 7	do.	B.	Kom. b. 2. Abth. b. II. Matrosendiv.
Valette, Jean ✠ TM4 TNJft3	O	do.	14 7	1 2	do.	C.	Art.-Offiz. v. Platz u. Vorst. b. Artilleriedep. zu Friedrichs-ort.
Herz, Alfred ✠4 ✠	N	do.	13 —	1 1	do.	D.	Kom. b. 1. Abth. b. II. Matrosendiv.
Frhr. v. Maltzahn, Kurt ✠4 ✠	B	do.	11 2	— 2	do.	E.	Admiralität.
Piraly, Max ✠	O	do.	12 10	1 —	17. 9. 85		Ausrüst.-Dir. b. Werft zu Danzig.
Herbing, Oskar ✠	N	do.	13 1	— 8	17. 11. 85		Wilh.
v. Rosen, Gustav ✠	N	do.	12 3	— 10	do.	A.	Führer b. 1. Komp. b. II. Werftdiv.

Korvetten-Kapitäne.

Charge, Namen, Orden und Ehrenzeichen.	Stationsort.	Dienst-eintritt.	Ge-sammt-See-dienst-zeit. J. M.	See-dienstzeit in der inne-habenden Charge. J. M.	Datum des Patents.	Dienst-verhältniß.
Maschke, Emil *TNJf4*	N	26. 4. 68	14 6	— —	19. 1. 86	Art.-Offiz. v. Platz u. Vorst. b. Artillerie-dep. zu Geeste-münde.
v. Frantzius, Ernst ⚔ *VBB4*	N	15. 4. 67	11 —	1 —	16. 2. 86	Albatroß, Kombt.
Kirchhoff, Hermann	O	do.	11 7	1 7	18. 3. 86	Moltke, erster Offiz.
Hornung, Richard ⚔ *RA3*	N	do.	13 —	1 —	22. 3. 86	Mücke, Kombt.
Riebel, Louis ✠4 ⚔	O	do.	10 10	— 6	do. A.	Marinesch., Lehrer.
Fischel, Max ✠4 ⚔ *JVAS4*	O	do.	11 10	— —	22. 6. 86	Kom. d. I. Torpedo-abth.
Foß, Max ✠4 ⚔ *OV3b TM4 TNJf4 VBB4*	O	do.	11 6	— 9	19. 10. 86	Marineakad. u. -Schule, Direktions-offiz.
v. Sperling, Erich ⚔	O	do.	11 5	— 4	do. A.	1. Adj. b. d. Kdo. d. Marinestat. d. Ostsee.
v. Ahlefeld, Hunold ✠4 ⚔	O	do.	11 10	— 7	15. 3. 87	Blücher, Kombt.
Gr. v. Baudissin, Friedrich ⚔	O	do.	14 11	— —	16. 4. 87	Führer b. 1. Komp. b. I. Werftdiv.
Hofmeier, Paul ✠4 ⚔	N	do.	11 6	— 3	20. 6. 87	Kom. b. II. Torpeaboabth.
Becker, Adolf ⚔	O	do.	10 7	— 4	16. 7. 87	Bayern, erster Offiz.
Burich, Wilhelm ⚔	N	do.	11 10	— 1	16. 8. 87	Wilhh. Kiel.
Albert Wilhelm Heinrich Prinz von Preußen K. H. ⊛ ✠1 ⊛1 *HEK1 AAB1 BdT BZL1 BH BrHL1 GHL1 GSF1 HSEH1 MWK1u OV1mg KruK SR WK1 BrsC1 GB1.c. HK1 JKd JAn JMuL1 NL1 ÖSt1 RAd*ɪc. *SGV VBB1* Major à la suite des 1. Garde-Regts. z. F. u. d. Garde-Füs.-Landw.-Regts.	O	14. 8. 72	5 2	— —	18. 10. 87	

Korvetten-Kapitäne. — Kapitän-Lieutenants.

Charge, Namen, Orden und Ehrenzeichen.	Stationsort.	Diensteintritt.	Gesammt-Seedienstzeit. J. M.	Seedienstzeit in der innehabenden Charge. J. M.	Datum des Patents.	Dienstverhältniß.
Donner, Albert ⚔4 ✠	O	15. 4. 67	10 9	— —	15. 11. 87	2. Adj. b. b. Kdo. b. Marinestat. b. Ostsee.
Kohlhauer, Eugen ✠	N	do.	12 1	— —	do. A.	Sophie, erster Offiz.
Hirschberg, Johannes ○R ✠	O	29. 4. 67	12 7	— —	do. B.	Schiffs=Prüfungs=komm.

Kapitän = Lieutenants.

v. Hoven, Kurt ⚔4 ✠ VBB	B	15. 4. 67	9 8	2 2	15. 4. 80 J.	Nautilus, Kombt.
Draeger, Fritz ✠ TJsM TM3	O	do.	12 2	4 4	do. M.	Assist. b. Ob.=Werft=Dir. zu Kiel.
Stubenrauch, Felix ○R ✠	B	do.	11 11	3 7	do. N.	Hydrogr. Amt d. Admiralität.
Heßner, Max ✠	N	do.	12 —	3 11	do. O.	Führer b. 2. Komp. b. II. Werftdiv.
Galster I., Karl ✠4	O	26. 4. 68	10 9	2 4	do. R.	Stein, erster Offiz.
v. Kries, Ewald ⚔4 ○R ✠	O	do.	12 6	4 7	do. S.	Gneisenau, erster Offiz.
v. Eickstedt, Rudolf ✠	N	do.	13 6	4 7	15. 7. 80	Iltis, Kombt.
Bethge, Wilhelm ○R ✠	O	do.	11 4	3 7	23. 10. 80	Eber, Kombt.
Gruner, Alfred ✠ PSuL5 VBB	O	do.	12 6	3 2	16. 11. 80	Ariadne, erster Offiz.
Ihn, Karl ✠	B	15. 4. 67	10 9	1 —	15. 2. 81	Admiralität.
Wodrig, Karl ⚔4 ✠	O	26. 4. 68	12 9	4 4	12. 3. 81	Torp.=Dir. b. Werft zu Kiel.
Jaeschke, Paul ⚔4 ✠	O	do.	12 6	3 11	16. 4. 81 A.	Wolf, Kombt.
Galster II., Max ✠	O	do.	11 2	3 6	do. B.	Hansa, erster Offiz.
Schmidt, Gust. ⚔4 ○R ✠	B	do.	10 1	2 4	do. C.	Bismarck, erster Offiz.
Hasenclever, Felix CD2c VBB4	N	do.	11 3	2 5	do. D. K.-O. 18. 6. 81 ern.	Torp.=Dir. b. Werft zu Wilhh.
Rübiger, Hugo ✠	O	do.	12 5	4 —	16. 4. 81 E.	Führer b. 2. Komp. b. I. Matrosenart.=Abth.

Kapitän-Lieutenants.

Charge, Namen, Orden und Ehrenzeichen.	Stationsort.	Dienst-eintritt.	Gesammt-Dienstzeit. J. M.	Seedienstzeit in der innehabenden Charge. J. M.	Datum des Patents.	Dienstverhältniß.
Lavaud, Ferdinand ✠4 ✠ TM4	N	26. 4. 68	12 9	3 11	16. 4. 81 F.	Carola, erster Offiz.
Gertz, Wilhelm ✠ VBB4	N	do.	11 5	3 1	do. G. K.-O. 14.5.81 ern.	Schiffsjungenabth.
Frhr. v. Lyncker, Emil ✠	N	15. 4. 67	13 1	4 6	16. 4. 81 H.	Loreley, Kombt.
v. Henk, Otto ✠ SW3	N	26. 4. 68	10 3	2 10	do. K.	1. Adj. b. d. Kdo. d. Marinestat. b. Nordsee.
Thiele I., August ○R ✠ SMK1	N	do.	12 —	5 4	do. L.	Prinz Adalbert, erster Offiz.
Schneider, Hermann ✠ JMuL5	N	do.	10 4	1 10	do. M.	Cyclop, Kombt.
Bordenhagen, Ludwig ✠	N	do.	12 7	3 11	do. N.	Mars, erster Offiz.
Oelrichs, Hans ✠	O	do.	11 9	3 7	do. O.	Führer d. 3. Komp. b. I. Werftdiv.
Flichtenhöfer, Otto	N	do.	11 —	3 1	18. 8. 81	Führer d. 3. Komp. b. II. Matrosendiv.
Sarnow, Georg	N	do.	9 5	2 8	do. A.	Marineakad. (I.)
Wachenhusen, Robert	O	do.	9 9	1 —	17. 9. 81	Schiffs-Prüfungskomm.
Hoffmeyer, Hermann ○R ✠	N	do.	9 9	2 1	17. 12. 81	Führer d. 5. Komp. b. II. Werftdiv.
Fuchs, Emil	N	do.	10 2	1 11	do. A. K.-O. 14.2.82 ern.	II. Marineinsp., Abj.
Wallis, Eugen	B	do.	10 6	1 5	17.12.81 A1.	Mitgl. d. Art.-Prüfungskomm.
da Fonseca-Wollheim, Hermann ✠ HK3 VBB4	O	do.	11 10	2 11	17. 1. 82	Führer d. 2. Komp. b. I. Matrosendiv.
Grätschel, Paul	N	do.	9 8	1 —	20. 4. 82	Nixe, erster Offiz.
Stoltz, Robert	N	do.	11 8	2 10	do. A.	Führer d. 2. Komp. b. III. Matrosenart.-Abth., l. z. Art.-Schießsch., Berlin.

Kapitän-Lieutenants.

Charge, Namen, Orden und Ehrenzeichen.	Stationsort.	Dienst-eintritt.	Ge-sammt-See-dienst-zeit. J. M.	See-dienstzeit in der inne-habenden Charge. J. M.	Datum des Patents.		Dienst-verhältniß.
Crebner, Ernst	B	26. 4. 68	10 7	1 11	20. 4. 82	B.	Admiralität.
Hildebrandt, Richard ✠4 ○R	B	2. 4. 66 3. 2. 71	16 5	2 9	do.	C.	Hydrogr. Amt d. Admiralität.
v. Dresky, Erich ✠	O	26. 4. 68	12 8	3 3	do.	D.	Führer b. 2. Komp. b. I. Werftdiv.
Fischer, Louis	O	1. 4. 69 2. 5. 70	10 10	2 6	19. 8. 82		Olga, erster Offiz.
v. Halfern, Max	O	2. 5. 70	11 4	1 7	21. 9. 82		Luise, erster Offiz.
Breusing, Alfred	B	11. 4. 69	9 2	1 5	19. 10. 82		Admiralität.
Ascher, Karl ✠	N	26. 4. 68	12 4	2 9	14. 4. 83		Insp. b. Marineart., Adj.
Siegel, Rudolf ✠4	B	11. 4. 69	11 1	2 5	do.	A.	Admiralität.
Rosendahl, Karl	N	do.	10 7	1 5	do.	B.	II. Matrosen-div.
Zeye, Hugo ✠4	O	do.	9 6	1 2	15. 5. 83		Führer b. 1. Komp. b. I. Torpedo-abth.
Büllers, Friedrich	N	1. 4. 70 31. 5. 71	13 11	2 9	16. 8. 83		Führer b. 5. Komp. b. II. Matrosen-div.
Bröker, Ernst	N	11. 4. 69	13 5	3 9	do.	A.	Mars, Instr.
Köllner, Leopold	O	do.	10 1	1 2	do.	B.	Stein.
Meuß, Friedrich	N	do.	11 9	2 11	15. 12. 83		Adler, erster Offiz.
Hellhoff, Walther *VBB3*	O	do.	12 2	2 5	17. 1. 84		I. Werftdiv.
Landfermann, Paul *JMuL5*	O	do.	11 5	— 6	14. 2. 84		I. Marine-insp., Adj.
du Bois, Georg *RA3*	O	do.	8 8	— 6	14. 3. 84		Führer b. 1. Komp. b. I. Matrosen-div.
v. Arnoldi, Paul *BrsR5*	N	do.	13 4	2 7	19. 4. 84		Bismarck.
v. Gehrmann, Thilo ✠	O	do.	11 —	1 11	19. 8. 84		Führer b. 5. Komp. b. I. Matrosen-div.
Herrmann, John ✠	N	do.	13 1	1 7	13. 9. 84		Führer b. 3. Komp. b. II. Matrosen-art.-Abth.

Kapitän-Lieutenants.

Charge, Namen, Orden und Ehrenzeichen.	Stationsort.	Dienst-eintritt.	Gesammt-Seedienstzeit. J. M.	Seedienstzeit in der innehabenden Charge. J. M.	Datum des Patents.		Dienstverhältniß.
Jachmann, Reinhold	O	11. 4. 69	9 10	— 9	21. 11. 84		Führer b. 4. Komp. b. I. Werftdiv.
Stiege, Oskar	N	do.	10 2	1 9	16. 12. 84		Assist. b. Ob.-Werft-Dir. zu Wilhh.
Jäckel, Max	O	do.	10 9	1 5	do.	A.	I. Matrosendiv., t. z. Art.-Schießsch., Berlin
Hüpeden, Otto ✠4	N	do.	8 9	— 5	15. 1. 85		Moltke.
Thiele II., Adolf	B	2. 5. 70	10 1	— 9	do.	A.	Admiralität.
Becker, Gottlieb	N	11. 4. 69	12 2	2 5	do.	B.	Blücher, erster Offiz.
v. Holtzendorff, Henning ✠4 ✠ ZstSt2b	N	do.	14 2	2 7	17. 2. 85		Führer b. 1. Komp. b. II. Matrosendiv.
Gr. v. Moltke I., Friedrich ✠4 ✠	N	2. 5. 70	9 6	— 9	do.	A.	Führer b. 3. Komp. b. III. Matrosenart.-Abth.
Scheder, Georg ○R	N	do.	9 7	— 1	14. 3. 85		2. Adj. b. d. Kdo. d. Marinestat. b. Nordsee.
Brinkmann, Alfred VBB4	O	do.	11 4	2 4	do.	A.	Führer b. 6. Komp. b. I. Matrosendiv.
Gülich, Ernst	N	do.	11 5	1 11	do.	B.	Marineakad. (II.)
Weihe, Max	N	26. 4. 68 / 19. 8. 75	9 10	— 8	19. 3. 85		Führer b. 2. Komp. b. II. Matrosenart.-Abth.
Westphal, Hugo	O	2. 5. 70	9 3	— 7	do.	A.	Gneisenau.
Frhr. v. Sohlern, Ludolf TM4	N	do.	9 5	— 7	do.	B.	Führer b. 2. Komp. b. II. Matrosendiv.
Plachte, Hugo	N	do.	10 7	2 1	do.	C.	Prinz Adalbert.
Gr. v. Moltke II., Heinrich	O	do.	11 3	1 10	do.	D.	Marineakad. (II.)
Goecke, Max	N	do.	10 6	— 7	do.	E.	Führer b. 3. Komp. b. II. Werftdiv.

Kapitän-Lieutenants.

Charge, Namen, Orden und Ehrenzeichen.	Stationsort.	Diensteintritt.	GesammtSeedienstzeit. J. M.	Seedienstzeit in der innehabenden Charge. J. M.	Datum des Patents.	Dienstverhältniß.
Harms, Theodor	O	2. 5. 70	8 7	— —	19. 3. 85 F.	Vorst. b. Torpedodep. zu Friedrichsort.
Bar. v. Plessen, Wulff BStMV3a	B	do.	9 —	— 2	do. G.	Admiralität.
Heyn, Karl	O	do.	11 8	1 6	do. H.	Marineakad. (II.)
Wahrendorff, Bernhard	O	do.	8 8	— 9	do. J.	Nautilus, erster Offiz.
v. Haeseler, Rudolf ○R	O	do.	9 9	1 —	do. K.	Führer d. 1. Komp. d. I. Matrosenart.=Abth.
Goetz, Adolf ✠4	O	1. 10. 66 20. 4. 76	10 10	1 4	do. L.	Führer d. 4. Komp. d. I. Matrosendiv.
Lazarowicz, Paul	O	2. 5. 70	11 —	1 1	17. 9. 85	Führer d. 5. Komp. d. I. Werftdiv.
v. Arend, Max	N	do.	9 3	— —	17. 11. 85	Führer d. 1. Komp. d. II. Matrosenart.=Abth.
Wittmer, Rudolf	O	do.	9 9	1 7	do. A.	Sophie.
Gr. v. Baudissin, Ernst	O	do.	8 9	— 3	do. C.	Habicht, erster Offiz.
Mittler, Franz	N	do.	10 2	— 11	19. 1. 86	Ariadne.
Holzhauer, Eduard	N	18. 4. 72	11 4	1 6	16. 2. 86	Marineakad. (I.)
Paleske, Max VBB5	N	2. 5. 70	11 11	1 1	18. 3. 86	Führer d. 4. Komp. d. II. Matrosendiv.
v. b. Gröben, Erich	O	do.	9 4	— —	22. 3. 86	Führer d. 3. Komp. d. I. Matrosenart.=Abth.
Ehrlich I., Max ○R	O	do.	9 6	1 —	do. B.	Gneisenau.
Coßmann, Paul	N	do.	11 4	1 —	do. C.	Marineakad. (II.)
Walther, Heinrich	N	do.	11 10	1 2	do. D.	Mars, Instr.
Schulz, Georg	N	do.	12 —	— 9	do. F.	Führer d. 4. Komp. d. II. Werftdiv.

Kapitän-Lieutenants.

Charge, Namen, Orden und Ehrenzeichen.	Stationsort.	Dienst-eintritt.	Ge-sammt-See-dienst-zeit. J. M.	See-dienstzeit in der inne-habenden Charge. J. M.	Datum des Patents.	Dienst-verhältniß.
Müller, Georg ○R WF3a SW3	N	31. 5. 71	9 7	1 5	22. 3. 86 G.	Bismarck, Flagglieut.
Truppel, Oskar	N	do.	11 —	— 11	18. 5. 86.	Führer b. 1. Komp. b. II. Torpedo-abth.
Schröder, Ludwig	O	do.	10 —	— 2	do. A.	Führer b. 2. Komp. b. I. Torpedo-abth.
Etienne, Richard	N	do.	10 —	— 7	do. B.	Marineakad. (II.)
Kindt, Wilhelm	O	do.	11 4	— 9	17. 7. 86	Führer b. 3. Komp. b. I. Matrosen-div.
Palmgrén, Gustav	N	do.	9 4	1 —	19. 10. 86	Stein.
Kretschmann, Karl	O	do.	11 —	1 —	do. A.	Albatroß, erster Offiz.
Rottok, Karl	N	do.	10 7	— 6	15. 3. 87	Marineakad. (I.)
Coerper, Karl	O	do.	11 —	— 5	do. A.	do. (II.)
Follenius, Friedrich	O	do.	10 6	— 5	16. 4. 87	do. (II.)
Obenheimer, August	N	do.	10 —	— 5	do. A.	Deckoffizier-schule, Lehrer.
Krieg, Gottfried ✠4	N	do.	10 9	— 7	do. B.	Luise; später: Führer d. 6. Komp. d. II. Matrosendiv.
v. Basse, Max	O	do.	8 10	— 4	do. C.	Bayern.
Hartmann, Adolf TNJft4	N	do.	10 8	— 5	do. D.	Führer b. 2. Komp. b. II. Torpedo-abth.
Grolp, Karl VBB5	N	do.	10 3	— 4	20. 6. 87	Mars, Instr.
Ehrlich II., Alfred	O	do.	8 —	— 4	16. 7. 87	Olga.
Meyer, Hans	N	do.	10 10	— 2	16. 8. 87	Mars, Instr.
Reincke, Wilhelm	N	do.	11 1	— —	15. 11. 87	Führer b. 1. Komp. b. III. Matrosen-art.-Abth.
Frhr. v. Malapert-Neufville, Friedrich	O	do.	9 6	— —	do. A.	Deckoffizier-schule, Lehrer.
Pohl, Hugo	O	18. 4. 72	9 7	— —	do. B.	Carola.
v. Heeringen, August ✠4 BZL3a JMuL5 HK3	O	do.	9 1	— —	do. C.	Blücher.

4*

Lieutenants zur See.

Charge, Namen, Orden und Ehrenzeichen.	Stationsort.	Dienst-eintritt.	Ge-sammt-Seedienst-zeit. J. M.	Seedienstzeit in der innehabenden Charge. J. M.	Datum des Patents.		Dienst-verhältniß.
Lieutenants zur See.							
Capelle I., Eduard	N	18. 4. 72	9 5	4 1	20. 11. 79	B.	II. Matrosen-div., Adj.
Friedrich, Karl	O	do.	9 6	4 1	do.	C.	Schiffs-Prüfungs-komm.
Gercke I., Hermann	O	do.	8 11	4 —	do.	D.	I. Matrosen-div.
Franz, Karl	O	do.	9 9	4 10	13. 3. 80		do.
Collas, George	N	21. 8. 70 20. 4. 72	8 1	3 2	do.	A.	Prinz Adalbert.
Hobein, Ludwig	O	18. 4. 72	8 11	4 1	13. 5. 80		Marineakad. (II.)
Winkler, Raimund	O	do.	9 2	4 —	do.	B.	Insp. d. Torpedow., Adj.
Schnars, Hermann	N	do.	9 10	4 4	do.	C.	Marineakad. (I.)
Ferber, Konstantin	O	do.	8 6	3 5	do.	D.	Möwe, erster Offiz.
Benzler, Ernst ○R	O	do.	10 3	4 11	do.	F.	I. Matrosen-div.
Brussatis, Reinhold	O	do.	10 5	5 4	do.	G.	I. Werftdiv.
Stein, Johannes	O	8. 4. 73	11 9	4 6	do.	J.	Hansa.
Faber, Walther	N	do.	11 3	4 2	do.	K.	III. Matrosen-art.-Abth.
Wallmann, Johann	N	12. 4. 74	9 7	3 11	do.	L.	II. Werftdiv., Adj.
Paschen I., Adolf	O	18. 4. 72	9 —	4 1	16. 11. 80		I. Werftdiv., Adj.
Rollmann, Max	N	8. 4. 73	9 2	4 2	do.	A.	Torp.-Ver-suchskdo.
Derzewski, Karl	O	do.	8 11	4 1	13. 1. 81		Moltke.
Kalau vom Hofe, Eugen	O	do.	9 2	4 4	do.	A.	Sophie.
Meyer I., Gerhard	N	18. 4. 72	10 4	4 10	do.	B.	II. Matrosen-div.
Gilbemeister, Wilhelm	O	8. 4. 73	9 10	4 10	do.	C.	Marineakad. (I.)
Hoepner, Otto WF3aX	O	do.	8 1	2 9	do.	D.	do.
Wentzel, Oskar	N	do.	8 2	3 5	16. 4. 81		do.
v. Bierbrauer-Brennstein, Hugo	N	18. 4. 72	10 —	4 9	do. R.-D. 14.5.81 ern.	A.	II. Matrosen-div.
Lilie, Hermann	O	8. 4. 73	8 5	2 7	16. 4. 81 R.-D. 18.8.81 ern.	B.	I. Torpedo-abth.

Lieutenants zur See.   47

Charge, Namen, Orden und Ehrenzeichen.	Stationsort.	Dienst- eintritt.	Ge- sammt- See- dienst- zeit. J. M.	See- dienstzeit in der inne- habenden Charge. J. M.	Datum des Patents.		Dienst- verhältniß.
Bauenbahl, Oskar	O	17. 4. 75	10 6	5 5	16. 4. 81	C.	Carola.
Bachem, Max *TM4*	N	25. 4. 72	10 10	5 3	do.	D.	II. Matrosen- div.
v. Bunsen, Karl *VBB*	O	8. 4. 73	8 —	3 —	do.	E.	Werft zu Kiel, Adj.
Poschmann, Adolf	N	do.	8 7	3 9	do.	F.	Tpbbt. S. 2., Kombt.
Lampson, Paul	N	do.	9 4	3 5	21. 7. 81		Deckoffizier- schule, Lehrer.
v. Dassel I., August	O	do.	8 7	3 8	do.	A.	I. Matrosen- div.
Eckardt, Friedrich *VBB*	O	do.	8 1	2 7	17. 9. 81		Olga.
Walther, Paul	N	do.	9 3	4 3	do.	A.	Ariadne.
Schönfelder I., Viktor	N	12. 4. 74	8 11	4 2	17. 1. 82		Bismarck.
Emsmann, Hugo	O	do.	9 —	3 11	do. K.-D.17.9.81 ern.	A.	Eber, erster Offiz.
Ruetz, Rudolf	O	do.	7 1	2 3	14. 2. 82		Schiffs- jungenabth., Adj.
Ingenohl, Friedrich	N	do.	8 11	4 1	do.	A.	Luise.
v. Möller I., Kurt	O	do.	8 6	3 7	do.	B.	I. Matrosen- div.
Weyer, Bruno	N	do.	9 4	4 4	do.	C.	Mücke.
Mandt, Otto	O	do.	7 11	2 9	do.	D.	I. Matrosen- div., Adj.
v. Colomb, Adalbert *JVAS4*	N	do.	8 7	3 5	do.	E.	II. Torpedo- abth., Adj.
Sonntag, Karl	O	do.	8 8	3 4	do.	F.	Deckoffizier- schule, Lehrer.
Sommerwerck, Fritz	O	do.	7 9	2 6	do.	G.	Schiffs-Prü- fungskomm.
Jante, Georg ✠4	N	do.	6 6	1 10	do.	H.	III.Matrosen- art.=Abth., Adj.
Klindsieck, Oskar	O	do.	9 1	4 —	do.	J.	I. Matrosen- div.
Gerdes II., Eduard	O	do.	9 —	3 8	do. K.-D. 14.3.82 ern.	J1.	Moltke.
Erckenbrecht, Friedrich	O	do.	7 2	2 4	14. 2. 82	K.	Hansa.
Gr. v. Bernstorff, Hans	N	8. 4. 73	8 3	3 —	do.	L.	II. Matrosen- art.=Abth.
v. Pustau, Eduard ✠4◯R	O	17. 4. 75	8 1	3 4	do.	M.	Nautilus.
Janns, Adolf *TM4*	N	12. 4. 74	7 9	2 11	21. 9. 82		III.Matrosen- art.=Abth.
Kittsteiner, Alfred	N	17. 4. 75	7 1	2 3	do.	A.	Wolf, erster Offiz.

Lieutenants zur See.

Charge, Namen, Orden und Ehrenzeichen.	Stationsort.	Dienst= eintritt.	Ge- sammt- See- dienst- zeit. J. M.	See- dienstzeit in der inne- habenden Charge. J. M.	Datum des Patents.		Dienst= verhältniß.
Paucke, Friedrich	B	17. 4. 75	8 3	2 10	21. 9. 82	B.	Admiralität.
Jacobsen, Hermann	N	do.	7 —	2 3	do.	C.	Stein.
Gerstung, Friedrich ⚔4	O	do.	8 6	3 7	do.	D.	Bayern.
Krause I., Moritz	N	do.	9 —	4 —	do.	E.	Nixe.
Frhr. v. Schimmelmann, Malte VBB5	O	do.	8 6	3 7	do.	F.	I. Matrosen= div.
Merten, Johannes	N	do.	8 6	3 4	do.	G.	Iltis, erster Offiz.
Deubel, Karl	O	do.	6 10	2 5	do.	H.	Möwe.
Brebow, Heinrich TM4	N	do.	7 11	3 5	do.	J.	Stein.
Wilde, Georg	O	do.	8 2	3 9	do.	K.	Tpbbt. S. 5., Kombt.
Engel I., Rudolf	N	12. 4. 74	8 2	2 9	do.	L.	Loreley, erster Offiz.
Paschen II., Karl	O	do.	8 10	3 11	do.	M.	Gneisenau.
v. Klein, Max	O	17. 4. 75	8 —	3 1	do.	N.	Marineakad. (I.)
Schwartzkopff, Martin	O	do.	8 6	3 7	do.	O.	Gneisenau.
Heintzmann, Otto	N	do.	8 10	3 10	do.	P.	Bismarck.
Scheibel, Fritz	O	28. 4. 76	7 3	2 2	14. 4. 83		Schiffs= Prüfungs= komm., Adj.
Gühler, Erich VBB5	N	do.	7 8	2 8	do.	A.	II. Matrosen= div.
Schönfelder II., Karl	O	do.	6 4	1 9	do.	B.	Carola.
Wislicenus, Georg	N	do.	6 10	1 10	do.	C.	Marinesch., Inspektions= offiz.
Banselow, Johannes	O	do.	10 11	2 5	do.	D.	I. Matrosen= div.
Neitzke, Leo	N	do.	7 2	2 3	do.	E.	II. Matrosen= art.=Abth., Adj.
Peters, Wilhelm	O	do.	7 1	2 1	do.	F.	I. Torpedo= abth., Adj.
van Semmern, Ernst	N	do.	7 1	2 1	do.	G.	Luise.
Schack, Wilhelm	N	do.	7 10	2 10	14. 6. 83	A.	Cyclop, erster Offiz.
Boerner, Eduard ○R	O	do.	7 7	2 4	16. 8. 83		Moltke.
Schneider, Georg	N	do.	8 —	2 11	13. 11. 83		Bismarck.
Schröder, Johannes	O	17. 4. 75	8 2	2 11	do.	A.	Werft zu Danzig, Adj.
v. Bassewitz, Adolf	N	28. 4. 76	7 11	2 11	14. 2. 84		II. Torpedo= abth.
Spengler, Georg	O	do.	8 —	2 5	do.	A.	Olga.

Lieutenants zur See.   49

Charge, Namen, Orden und Ehrenzeichen.	Stationsort.	Dienst= eintritt.	Ge= sammt= See= dienst= zeit. J. M.	See= dienstzeit in der inne= habenden Charge. J. M.	Datum des Patents.		Dienst= verhältniß.
Meyeringh, Bernhard	N	28. 4. 76	7 6	2 10	14. 2. 84	B.	Torpedo= Versuchskdo.
Ludewig, Georg	O	17. 4. 75	7 9	2 4	do.	C.	Bayern.
Koblitz, Georg	O	do.	7 7	2 8	do.	E.	Moltke.
Nissen, Gustav	N	28. 4. 76	7 6	2 5	19. 4. 84		Ariadne.
Braun, Otto ◯R	O	21. 4. 77	6 10	2 6	do.	A.	Stein, Flaggglieut.
Dick, Karl	N	do.	7 2	2 8	do.	B.	Prinz Adalbert.
Richter, Gustav	N	do.	6 3	1 10	do.	D.	II. Matrosen= div.
Prowe, Max	O	do.	6 5	1 6	do.	E.	I. Matrosen= art.=Abth.
Geßler, Otto	N	do.	7 —	2 1	do.	F.	Bismarck.
Bruch, Ludwig	N	do.	7 —	2 2	do.	G.	II. Matrosen= art.=Abth.
Gr. v. Oriola, Joachim TM4	N	do.	7 —	1 11	do.	H.	Habicht.
Brinkmann, Ludwig ◯R VBB5	O	28. 4. 76	6 6	2 —	19. 8. 84		I. Matrosen= div.
Grapow I., Max	N	21. 4. 77	6 6	1 8	13. 9. 84		II. Torpedo= abth.
Rampold, Paul	O	do.	7 —	1 11	21. 11. 84		Mars. (f. Schiffsj.)
v. Bredow, Joachim ◯R	N	17. 4. 75	7 3	1 3	16. 12. 84		II. Werftdiv.
Josephi, Adolf	O	21. 4. 76	6 10	1 6	15. 1. 85		Gneisenau.
Bachmann, Gustav	N	21. 4. 77	6 6	1 10	do.	A.	Werft zu Wilhh., Adj.
v. Witzleben I., Job ✠4 WF3a VBB5	O	do.	6 10	2 —	do.	B.	Prinz Adalbert.
Becker, Wilhelm	N	do.	7 —	2 1	17. 2. 85		Tpdbt. S. 41., Kombt.
v. Krosigk, Günther	O	do.	7 2	1 9	do.	A.	I. Torpedo= abth.
v. Dassel II., Hartwig	N	do.	7 —	1 10	14. 3. 85		II. Matrosen= div.
v. Dambrowski, Hans ◯R	N	do.	6 9	1 4	do.	A.	Milit. Begleit. Sr. H. d. Herzogs Friedrich Wilhelm von Mecklenburg= Schwerin.
Jantzen I., Barelius	O	28. 4. 76	7 1	1 8	do.	B.	Gneisenau.
v. Burski, Otto ◯R	N	do.	7 2	2 2	do.	C.	Luise.
v. Wimmer, Fritz	N	21. 4. 77	5 7	1 2	19. 3. 85		Nixe.
Gerdes, Gerhard	O	do.	7 1	1 11	do.	A.	Marinesch., Inspektions= offiz.
Schliebner, Leopold	N	28. 4. 76	7 3	2 2	do.	B.	Luise.

Lieutenants zur See.

Charge, Namen, Orden und Ehrenzeichen.	Stationsort.	Dienst=eintritt.	Ge-sammt-See-Dienst-zeit. J. M.	See-Dienstzeit in der inne-habenden Charge. J. M.	Datum des Patents.		Dienst=verhältniß.
Schmidt I., Oskar	N	21. 4. 77	5 11	— 11	19. 3. 85	C.	III. Matrosen-art.=Abth.
Dunbar, Frederik	N	do.	7 10	2 1	do.	D.	II. Werftdiv.
Krause II., Paul	O	23. 4. 78	6 —	1 6	do.	E.	Bayern.
Lans, Wilhelm	O	do.	6 2	1 8	do.	G.	I. Matrosen=div.
Kinderling, Hugo	O	do.	6 6	2 2	do.	H.	Bayern.
Weber, Eugen	O	do.	6 4	1 10	do.	J.	Blücher.
Grumme, Ferdinand	N	do.	7 1	2 1	do.	K.	II. Matrosen=div.
Nickel, Johannes	O	do.	6 4	1 10	do.	L.	Tpdbt. S. 37., Kombt.
Kutter, William	O	do.	5 8	1 8	do.	M.	Marinesch., Inspektions=offiz.
Krüger, Ernst	N	do.	5 6	1 9	do.	N.	Mücke.
Poock, Josef	O	do.	6 1	2 1	do.	O.	Schiffs=jungenabth.
Saß, Heinrich	N	do.	6 5	2 5	do.	P.	II. Werftdiv.
Koch I., Reinhard	O	do.	5 1	1 1	do.	Q.	Führer d. Marine-detach. zu Berlin.
Mießner, Paul ✠4	N	do.	6 9	2 1	16. 5. 85		Mars.
Gr. v. Spee, Maximilian	O	do.	4 9	— 1	18. 8. 85		Hafen=kommandant von Kamerun.
v. Oppeln=Bronikowski, Walther	N	21. 4. 77	6 3	1 9	17. 9. 85		Milit.=Turn-anst., Berlin.
v. Koppelow, Ernst	O	23. 4. 78	5 8	— 5	17. 11. 85		I. Matrosen-art.=Abth.
v. Mittelstaedt, Xaver	N	21. 4. 77	7 7	1 11	do.	A.	Luise.
Schäfer I., Ernst	O	1. 7. 78	6 7	1 7	do.	B.	Blücher.
Bauer, Hermann	O	22. 4. 79	4 11	1 4	do.	C.	Schiffs=jungenabth.
v. Ernsthausen, Adolf WF3ax	O	do.	5 11	1 4	do.	D.	Eber.
Scheer, Reinhard	N	do.	5 5	— 9	15. 12. 85		1. Abth. d. II. Matrosen-div., Adj.
v. Cotzhausen, Hugo	O	do.	5 1	— 9	19. 1. 86		I. Matrosen-art.=Abth., Adj.
Kölle, Friedrich	N	do.	6 —	1 2	16. 2. 86		Mücke.
Hoffmann, Fritz	O	do.	6 5	1 7	do.	A.	I. Matrosen-div.

Lieutenants zur See.

Charge, Namen, Orden und Ehrenzeichen.	Stationsort.	Dienst=eintritt.	Ge-sammt-See-dienst-zeit. J. M.	See-dienstzeit in der inne-habenden Charge. J. M.	Datum des Patents.		Dienst=verhältniß.
Recke, Johannes TM4	N	22. 4. 79	5 —	1 5	18. 3. 86		II. Matrosen=div.
Schmidt II., Ehrhardt	O	do.	5 11	1 1	22. 3. 86		Schiffs=jungenabth.
Meier II., Johannes	N	do.	7 5	1 —	do.	A.	II. Matrosen=div.
Müller I., Karl	O	do.	6 1	1 2	do.	B.	Bayern.
Buchholz, Oltmann	N	do.	6 2	1 5	do.	C.	Mars.
Dähnhardt, Harald	N	do.	5 7	1 3	do.	D.	Albatroß.
Jacobs, Friedrich	O	do.	6 —	1 1	do.	E.	Hansa.
van Nießen, Ernst	O	do.	4 11	— 6	do.	F.	2. Abth. d. I. Matrosen=div., Adj.
Goette, August	N	23. 4. 78	5 5	1 —	do.	G.	2. Abth. d. II. Matrosen=div., Adj.
Stromeyer, Heinrich	O	22. 4. 79	4 8	— 9	do.	H.	Hansa.
Runge, Friedrich	N	do.	5 8	1 2	do.	J.	II. Matrosen=div.
Grapow II., Franz	O	do.	4 1	— 3	do.	K.	I. Matrosen=div.
Bahlcke, Alfons	O	do.	5 1	1 7	do.	L.	Sophie.
v. Möller II., Ernst	N	23. 4. 78	6 2	1 1	do.	M.	Nixe.
Henkel, Konrad	O	21. 4. 77	5 4	1 —	do.	N.	Milit.=Turn=anst., Berlin.
Hilbrand, Paul	N	22. 4. 79	5 —	— 8	do.	O.	II. Matrosen=art.=Abth.
Lautenberger, Thomas	O	do.	5 8	1 6	do.	P.	I. Matrosen=div.
v. Levetzow, Karl	N	do.	4 10	1 7	do.	Q.	Stein.
Caesar, Maximilian	O	15. 4. 80	4 6	1 3	do.	R.	Adler.
Voit, Walther	N	do.	4 —	— 10	18. 5. 86		Cyclop.
Koch II., Hugo	O	do.	3 8	— 3	do.	A.	Möwe.
Falkenthal, Max	N	do.	5 3	1 4	do.	B.	Stein.
Paech, Benno	O	do.	5 3	1 5	do.	C.	1. Abth. d. I. Matrosen=div., Adj.
Ließmann, Otto	O	do.	3 11	— —	22. 6. 86		I. Matrosen=div.
Kaiser I., Karl	N	do.	4 10	— 11	17. 7. 86		Habicht.
v. d. Osten, Karl	O	do.	5 3	1 4	do.	A.	Nautilus.
Schaumann I., Adolf	N	do.	5 3	— 11	19. 10. 86		II. Werftdiv.
Schlieper, Paul	O	do.	3 2	— 1	do.	A.	Moltke.
v. Holleben, Franz	N	do.	5 1	— 9	18. 1. 87		Bismarck.
Rochlitz, Willi	O	do.	4 10	— 8	15. 3. 87		Carola.

Lieutenants zur See. — Unter-Lieutenants zur See.

Charge, Namen, Orden und Ehrenzeichen.	Stationsort.	Dienst-eintritt.	Gesammt-Seedienstzeit. J. M.	Seedienstzeit in der innehabenden Charge. J. M.	Datum des Patents.		Dienstverhältniß.
Rieve, Johannes	N	do.	4 10	— 7	do.	A.	Mars. (f. Schiffsj.)
Borgnis, Philipp	O	15. 4. 80	4 6	— 8	15. 3. 87	B.	Blücher.
Marwede, Friedrich	N	do.	4 2	— 3	16. 4. 87		Cyclop.
Jacobson, Leo	O	do.	4 2	— 7	do.	A.	Möwe.
Briegleb, Paul	N	do.	4 6	— 7	do.	B.	Iltis.
Kayser II., Rudolf	O	do.	3 4	— —	do.	C.	I. Matrosenart.-Abth.
Hecht, Max	N	do.	4 6	— 7	do.	D.	Prinz Adalbert.
Musculus, Friedrich	O	do.	4 5	— 6	do.	E.	Hansa.
Wilken, Max	N	do.	4 —	— 7	do.	F.	Ariadne.
Gr. v. Hessenstein, Wilhelm	O	do.	5 4	— 7	do.	G.	Carola.
Bethge, Johannes	N	do.	5 10	— 6	do.	H.	II. Matrosendiv.
Huß, Eduard ○R	O	do.	4 8	— —	20. 6. 87	I.	Werftdiv.
Eckermann, Richard	N	15. 4. 81	4 5	— 4	do.	A.	Prinz Adalbert.
Zimmermann I., Karl	O	do.	4 8	— 3	16. 7. 87		Mars. (f. Schiffsj.)
Schütz, Wilhelm	N	do.	4 8	— 3	16. 8. 87		Bismarck.
Meurer, Alexander	O	do.	4 8	— 2	do.	A.	Mars. (f. Schiffsj.)
Glatzel, Ludwig	N	do.	4 8	— —	15. 11. 87		Bismarck.
Bossart, Wigand	N	do.	6 —	— —	do.	A.	Luise.
Souchon, Wilhelm	O	do.	4 8	— —	do.	B.	Adler.

Unter-Lieutenants zur See.					Datum des Patents.	Datum der Ernenn. K.-O. v.	
Koch III., Richard	O	15. 4. 81	4 2	1 4	21.11.84 E.	21. 11. 84	I. Matrosendiv.
Trummler, Konrad	N	do.	4 7	1 9	do. H.	do.	Albatroß.
Schäfer II., Wilhelm	O	do.	4 10	2 —	do. J.	do.	Carola.
Papen, Gustav	N	do.	4 3	1 5	do. K.	do.	Ariadne.
Schirmer, Johannes	O	do.	4 6	1 8	do. L.	do.	Olga.
Capelle II., Hans	N	do.	4 11	1 11	do. M.	do.	Wolf.
Berger, Rudolf	O	do.	4 4	1 5	do. N.	do.	Sophie.
Sthamer, Wilhelm	N	do.	3 6	— 8	do. O.	do.	Wolf.
Sieger, Hans	O	do.	3 11	1 —	do. P.	do.	Olga.
Koch IV., Wilhelm	N	do.	3 4	— 6	do. Q.	do.	Habicht.
Simon, Walter	O	do.	4 5	1 6	do. R.	do.	Sophie.
Gampenrieder, Eduard	N	do.	3 5	— 7	do. S.	do.	III. Matrosenart.-Abth.
Weniger, Otto	O	do.	3 10	— 11	do. T.	do.	Albatroß.

Unter-Lieutenants zur See. 53

Charge, Namen, Orden und Ehrenzeichen.	Stationsort.	Dienst= eintritt.	Ge= sammt= See= dienst= zeit. J. M.	See= dienstzeit in der inne= habenden Charge. J. M.	Datum des Patents.	Datum der Ernenn. K.-O. v.	Dienst= verhältniß.
Wuthmann, Georg	N	15. 4. 81	4 1	1 3	21. 11. 84 U.	21. 11. 84	II. Matrosen= div.
Block, Franz	N	do.	4 4	1 6	do. V.	do.	Prinz Adalbert.
Hipper, Fritz	N	do.	3 5	— 7	do. W.	do.	Stein.
Schultz, Friedrich ○R	N	do.	3 5	— 7	do. X.	do.	Iltis.
Riedel, Richard	N	do.	3 3	— 4	do. Y.	do.	Stein.
Oelsner, Eck	O	do.	3 10	1 —	do. Z.	do.	Adler.
Hintze, Paul	O	20. 4. 82	4 2	1 7	18. 7. 85	18. 7. 85	Sophie.
v. Rebeur=Paschwitz, Hubert	N	do.	3 6	— 10	do. A.	do.	Loreley.
Gaedeke, Friedrich	O	do.	4 2	1 7	do. B.	do.	Eber.
v. Born, Theodor	N	do.	3 7	1 —	do. C.	do.	II. Matrosen= art.=Abth.
Hennings, Rudolf	O	do.	3 4	— 9	do. D.	do.	I. Torpedo= abth.
Schäfer III., Erwin	N	do.	3 4	— 9	do. E.	do.	II. Matrosen= art.=Abth.
Fromm, Paul	O	do.	3 4	— 9	do. F.	do.	I. Torpedo= abth.
Nieten, August	N	do.	3 4	— 11	do. G.	do.	Nixe.
Wilbrandt, Karl	O	do.	3 3	— 8	do. H.	do.	Moltke.
Elvers, Cäsar	N	do.	2 9	— 2	do. J.	do.	III. Ma= trosenart.= Abth.
Kirchhoff, Gustav	O	do.	3 5	— 10	do. K.	do.	Nautilus.
Berninghaus, Emil	N	do.	3 1	— 6	do. L.	do.	III. Ma= trosenart.= Abth.
v. Bentheim, Alfons	O	do.	3 3	— 8	do. M.	do.	Schiffs= jungenabth.
Behm, Karl	N	do.	3 4	— 9	do. N.	do.	II. Werftdiv.
Funke, Felix	O	do.	3 2	— 7	do. O.	do.	Bayern.
Heuschmann, Robert	N	do.	3 4	— 9	do. P.	do.	II. Matrosen= div.
Stechow, Berthold	O	do.	3 3	— 8	do. Q.	do.	Gneisenau.
Mischke, Robert	N	do.	3 2	— 7	do. R.	do.	II. Torpedo= abth.
Schaumann II., Karl	O	do.	3 3	— 8	do. S.	do.	Moltke.
Hildebrand, Rudolf	N	do.	3 3	— 8	do. T.	do.	Gneisenau.
Brüll, Arthur	O	do.	3 2	— 6	do. U.	do.	do.
Louran, Hugo	N	do.	2 8	— 1	do. V.	do.	II. Matrosen= art.=Abth.
Reche, Emil	O	do.	2 7	— —	do. W.	do.	I. Matrosen= art.=Abth.

54 Unter-Lieutenants zur See.

Charge, Namen, Orden und Ehrenzeichen.	Stationsort.	Dienst-eintritt.	Gesammt-Seedienstzeit. J. M.	Seedienstzeit in der innehabenden Charge. J. M.	Datum des Patents.	Datum der Ernenn. K.-O. v.	Dienstverhältniß.
Graf v. Monts, Alexander	N	20. 4. 82	3 2	— 7	18. 7. 85 X.	18. 7. 85	Prinz Adalbert.
Graf v. Platen zu Hallermund, Oskar	N	do.	3 2	— 7	do. Z.	do.	Ariadne.
Burchard, Otto	O	do.	3 2	— 7	do. Aa.	do.	Olga.
Grüttner, Anton	N	do.	2 11	— 5	do. Bb.	do.	II. Torpedoabth.
Goßhein, Karl	O	do.	2 11	— 1	17. 10. 85	17. 10. 85	Moltke.
Friedlaender, Konrad	N	15. 4. 81	3 4	— 6	do. A.	21. 11. 84	Nixe.
Bode, Rudolf	O	do.	3 10	— 5	do. B.	16. 5. 85	I. Matrosenart.-Abth.
Schrader, Friedrich	O	16. 4. 83	2 11	— 6	17. 4. 86	17. 4. 86	Blücher.
Wurmbach, Otto	N	do.	2 11	— 6	do. A.	do.	Stein.
Jasper, Gisbert	O	do.	2 11	— 6	do. B.	do.	Moltke.
Hebbinghaus, Georg	N	do.	2 11	— 6	do. D.	do.	Prinz Adalbert.
Alberts, Hermann	O	do.	2 6	— 1	do. E.	do.	I. Matrosendiv.
v. Bistupski, Ludwig	N	do.	2 11	— 6	do. F.	do.	Stein.
Maaß, Lebrecht	O	do.	2 7	— 2	do. G.	do.	Bayern.
Witschel, Max	N	do.	2 11	— 6	do. H.	do.	Prinz Adalbert.
v. Studnitz, Ernst	O	do.	2 11	— 6	do. J.	do.	Bayern.
Tapken, Arthur	N	do.	2 11	— 6	do. K.	do.	II. Matrosendiv.
Back, Otto	N	do.	2 10	— 5	do. L.	do.	do.
Starke, Wilhelm	O	do.	2 11	— 6	do. M.	do.	Bayern.
Mauve, Franz ○R	N	do.	2 11	— 6	do. N.	do.	II. Matrosendiv.
Behncke, Paul	N	do.	2 10	— 5	do. O.	do.	do.
Behring, Ehler	O	do.	2 8	— 3	do. P.	do.	I. Matrosendiv.
Schelle, Max	O	do.	2 11	— 6	do. Q.	do.	Bayern.
Fraissinet, Ernst	N	do.	2 11	— 6	do. R.	do.	Nixe.
Oxé, Karl	N	do.	2 8	— 3	do. S.	do.	II. Werftdiv.
Kröncke, Emil	O	do.	2 8	— 3	do. T.	do.	I. Matrosendiv.
Clemens, Peter	N	do.	2 10	— 5	do. U.	do.	II. Matrosendiv.
Schur, Georg	O	do.	2 8	— 3	do. V.	do.	I. Matrosendiv.
Czech, Paul	N	do.	2 10	— 5	do. W.	do.	II. Werftdiv.
v. Kühlwetter, Friedrich	O	do.	2 10	— 5	do. X.	do.	Hansa.
Volkmann, Eugen	O	do.	2 10	— 5	do. Y.	do.	I. Matrosendiv.

Unter-Lieutenants zur See.

Charge, Namen, Orden und Ehrenzeichen.	Stationsort.	Dienst-eintritt.	Ge-sammt-See-dienst-zeit. J. M.	See-dienstzeit in der inne-habenden Charge. J. M.	Datum des Patents.	Datum der Ernenn. z.-O. v.	Dienst-verhältniß.
v. Zawadzky, Viktor	N	16. 4. 83	2 10	— 5	17. 4. 86 z.	17. 4. 86	II. Matrosen-div.
Evert, Heinrich	O	do.	2 10	— 5	do. Aa.	do.	I. Matrosen-div.
Kraft, Hugo	N	do.	2 8	— 3	do. Bb.	do.	II. Werftdiv.
Schmidt v. Schwind, Herwarth	N	do.	2 7	— 2	do. Cc.	do.	II. Matrosen-div.
Begas, Alfred	O	do.	2 10	— 5	do. Dd.	do.	I. Matrosen-div.
Thyen, Ferdinand	N	do.	2 6	— 1	do. Ee.	do.	II. Matrosen-div.
v. Lengerke, Peter	N	do.	2 7	— 2	do. Ff.	do.	do.
Persius, Lothar	O	do.	2 8	— 3	do. Gg.	do.	I. Werftdiv.
Kendrick, Oskar	N	do.	2 11	— 2	do. Hh.	17. 8. 86	Mars.
Gr. v. Hoffmannsegg, Guido	O	do.	2 10	— 1	do. Ji.	do.	I. Werftdiv.
Scheppe, Hermann	N	do.	2 11	— 2	do. Kk.	do.	II. Matrosen-div.
Philipp, Otto	O	do.	2 10	— 1	do. Ll.	do.	I. Matrosen-art.-Abth.
v. Kries, Karl	N	do.	2 10	— 1	do. Mm.	do.	II. Matrosen-div.
Scheibt, Georg	O	do.	2 10	— 5	—	17. 4. 86	I. Matrosen-div.
Puttfarcken, Hans	O	do.	2 9	— 4	—	do.	do.
v. Zitzewitz, Georg	O	do.	3 1	— 8	—	do.	Stein.
Ritter v. Mann-Tiechler, Ernst	O	21. 4. 84	2 10	— 5	—	16. 4. 87	Marine-schule.
Boedicker, Friedrich	O	do.	2 10	— 5	—	do.	do.
Hopman, Albert	O	do.	2 10	— 5	—	do.	do.
Meyer III., Alfred	O	do.	2 10	— 5	—	do.	do.
v. Hippel, Horst	O	do.	2 10	— 5	—	do.	do.
v. Ammon, Georg	O	do.	2 10	— 5	—	do.	do.
Bertram, Wilhelm	O	do.	2 10	— 5	—	do.	do.
Rogge, Maximilian	O	do.	2 10	— 5	—	do.	do.
Zimmermann II., Friedrich	O	do.	2 10	— 5	—	do.	do.
Gudewill, Hans	O	do.	2 10	— 5	—	do.	do.
Nordmann, Hermann	O	do.	2 10	— 5	—	do.	do.
Herrklotsch, Walther	O	do.	2 10	— 5	—	do.	do.
Engel II., Richard	O	do.	2 10	— 5	—	do.	do.
Mayer IV., Heinrich	O	do.	2 10	— 5	—	do.	do.
Trendtel, Heinrich	O	do.	2 10	— 5	—	do.	do.
Senner, Wilhelm	O	do.	2 10	— 5	—	do.	do.
Boyes, William	O	do.	2 10	— 5	—	do.	do.
Müller II., Bernhard	O	do.	2 10	— 5	—	do.	do.
Abers, Willy	O	do.	2 10	— 5	—	do.	do.

Charge, Namen, Orden und Ehrenzeichen.	Stationsort.	Dienst-eintritt.	Ge-sammt-Seedienstzeit. J. M.	Seedienstzeit in der innehabenden Charge. J. M.	Datum des Patents.	Datum der Ernenn. K.-O. v.	Dienst-verhältniß.
Forstreuter, Bruno	O	21. 4. 84	2 10	— 5	—	16. 4. 87	Marineschule.
Herrmann, Woldemar	O	do.	2 10	— 5	—	do.	do.
Meyer V., Willy	O	do.	2 10	— 5	—	do.	do.
v. Kalben, Bernhard	O	do.	2 10	— 5	—	do.	do.
v. Windheim, Harbort	O	do.	2 10	— 5	—	do.	do.
Frhr. v. Dalwigk-Lichtenfels, Gottfried	O	do.	2 10	— 5	—	do.	do.
Petruschky, Albertus	O	do.	2 10	— 5	—	do.	do.
Frhr. v. Meerscheidt-Hüllessem, Wilhelm	O	do.	2 10	— 5	—	do.	do.
Jantzen II., Paul	O	do.	2 10	— 5	—	do.	do.
Mahrenholz, Ernst	O	do.	2 10	— 5	—	do.	do.
v. Jachmann, Siegfried	O	do.	2 10	— 5	—	do.	do.
v. Rothkirch u. Panthen, Jaroslaw	O	do.	2 10	— 5	—	do.	do.
Troje, Alfred	O	do.	2 10	— 5	—	do.	do.
v. Witzleben II., Günther	O	do.	2 10	— 5	—	do.	I. Matrosendiv.
Frey, Karl	O	do.	2 10	— 5	—	do.	Marineschule.
v. Holbach, Moritz	O	do.	2 10	— 5	—	do.	do.
Engelhardt, Walther	O	do.	2 10	— 5	—	do.	do.
Blomeyer, Fritz	O	do.	2 10	— 5	—	14. 5. 87	do.

Offiziere à la suite des Seeoffizierkorps.

Charge, Namen, Orden und Ehrenzeichen.	Stationsort.	Dienst-eintritt.	Ge-sammt-See-dienst-zeit. J. M.	See-dienstzeit in der inne-habenden Charge. J. M.	Datum des Patents.	Dienst-verhältniß.
General b. Infanterie z.D. (mit dem Range eines Admirals) v. Stosch, Albrecht ✠ ✠ ✠ ✠2 ✠2 ✠1 ✠ BStMV1 BMV1 SV1KD SA1 WMV1 BZL1✗ GHL2a MWK1b MMV1 GSF1 OV1✗ HSEH2a AAB2a SLVM BL1 CD1c GE1 JVAS1 JMuL1 JK1 ÖL1 ÖFJ1 RAN RWA RA1 RSt1 NO1 SMV4 TM1		15. 8. 35	— —	— —	22. 3. 75 F.	f. à l. s. b. Seebats.
Vize-Admiral z.D. Batsch, Ferdinand ✠2mSt ✠4 ✠3 OR ✠ GSF2mSt RA1 RSt2		1. 10. 48	17 1	— —	3. 2. 80	
Kapt. z. S. Frhr. v. Secken-dorff, Albert ✠4 ✠3 ✠3 OR ✠ BZL2b BrHL3a✗ GHVP2b✗ MWK2b OV2b REK1 SA2b WF2b BrsR3 HK2b JK3 JVAS3 VBB3		6. 9. 64	11 4	— —	22. 10. 87 A.	Flügel-Adj. Sr. Majestät b. Kaisers u. Königs u. milit. Begleit. Sr. K. H. b. Prinzen Heinrich v. Preußen.
Kapt.=Lieut. v. Usedom, Guido GHVP3a✗ HK3		31. 5. 71	8 7	— 8	22. 6. 86	Persl. Adj. Sr. K. H. b. Prinzen Heinrich v. Preußen.
Lieut. z. S. Heinrich XXVI. Prinz Reuß D. ✠ REK1mKr	O	12. 4. 74	7 8	3 3	17. 9. 81 B.	Beurlaubt.

Abg.: Kapts. z. S. v. Kall (A. K.-O. v. 14. 5. 87) u. Deinhard (A. K.-O. v. 15. 11. 87) zu Kontre-Adm. bef.; Kapt. z. S. v. Werner (A. K.-O. v. 15. 11. 87) b. Absch. m. d. gesetzl. Pens. unter Verl. b. Char. als Kontre-Adm., Kapts. z. S. Stenzel, Stubenrauch u. Kapt.-Lieut. Grill (A. K.-O. v. 18. 10. 87), Korv.-Kapt. Frhr. v. b. Goltz u. Lieut. z. S. Ritter (A. K.-O. v. 16. 7. 87). Lieut. z. S. Mirre I. (A. K.-O. v. 16. 4. 87) b. Absch. m. b. gef. Pens. u. b. Erl. z. Trag. b. bish. Unif. m. b. f. Berabsch. vorgeschr. Abz. — Kapt. z. S. Stenzel, Kapt.-Lieut. Grill, Lieuts. z. S. Mirre I. u. Ritter unter gleichz. Erth. b. Ausf. a. Anst. i. Civilb., Lieut. z. S. Mirre I. außerd. unter Verl. b. Kapt.-Lieut. —, Lieut. z. S. Randewig (A. K.-O. v. 16. 12. 86) b. Absch. m. b. gesetzl. Pens., Unt.-Lieut. z. S. v. Ziegler u. Klipphausen (A. K.-O. v. 15. 3. 87) b. Absch. bew.; Korv.-Kapt. Langemak u. Korv.-Kapt. à L s. b. Seeoffizierkorps Darmer (A. K.-O. v. 15 3. 87) m. b. gesetzl. Pens. z. D. gest. u. gleichz. ern.: Korv.-Kapt. Langemak zu Art.-Dir. b. Werft zu Kiel, Korv.-Kapt. Darmer z. Bermeff.-Dirig. b. Marineftat. b. Nordsee; Unt.-Lieut. z. S. Moog (A. K.-O. v. 20. 6. 87) a. b. akt. Seeoffizierkorps ausgesch. u. z. b. Offiz. b. Ref. übergetr.; Unt.-Lieut. z. S. Frhr. v. Hoverbeck gen. v. Schoenaich (A. K.-O. v. 15. 11. 87) beh. Uebertr. z. Armee v. b. Marine ausgesch., gleichz. ist derf. als Sek.-Lieut. m. Pat. v. 17. 4. 86 im 2. Garde-Drag.-Regt. angeft.; Korv.-Kapt. v. Reichenbach u. Kapt.-Lieut. Brehn gest. — Außerd. Abg.: Unt.-Lieut. z. S. Mirre II.

Seekadetten.

Charge, Namen, Orden und Ehrenzeichen.	Stationsort.	Dienst= eintritt.	Ge= sammt= See= dienst= zeit. J. M.	See= dienstzeit in der inne= habenden Charge. J. M.	Datum des Patents.		Dienst= verhältniß.
Frhr. v. Röffing, Kurt	O	11. 4. 85	2 —	1 6	13. 4. 86		Prinz Adalbert.
v. Uslar, Ludolf	O	do.	2 —	1 6	do.	A.	Gneisenau.
Marks, Arnold	O	do.	2 —	1 6	do.	B.	Prinz Adalbert.
Kühne, Robert	O	do.	2 —	1 6	do.	C.	do.
Bechtel, Otto	O	do.	2 —	1 6	do.	E.	Gneisenau.
Ahlert, Georg	O	do.	2 —	1 6	do.	F.	Prinz Adalbert.
Liersemann, Heinrich	O	do.	2 —	1 6	do.	G.	do.
Deimling, Moritz	O	do.	2 —	1 6	do.	H.	do.
Hollweg, Karl	O	do.	2 —	1 6	do.	J.	do.
Gr. v. Bassewitz, Eberhard	O	do.	2 —	1 6	do.	K.	Gneisenau.
Kutscher, Friedrich	O	do.	2 —	1 6	do.	L.	do.
v. Grumbkow, Eberhard	O	do.	2 —	1 6	do.	M.	Prinz Adalbert.
Kloebe I., Adolf	O	do.	2 —	1 6	do.	N.	Gneisenau.
Ehrhardt, Franz	O	25. 4. 85	2 —	1 6	do.	O.	do.
Krüger, Johannes	O	11. 4. 85	2 —	1 6	do.	P.	Prinz Adalbert.
Langemak, Hugo	O	do.	2 —	1 6	do.	Q.	Gneisenau.
Rollmann, Wilhelm	O	do.	2 —	1 6	do.	R.	do.
Minlos, Hermann	O	do.	2 —	1 6	do.	S.	do.
Bertram, Ferdinand	O	do.	2 —	1 6	do.	T.	do.
v. Reuter, Ludwig	O	do.	2 —	1 6	do.	U.	do.
Seiferling, Karl	O	do.	2 —	1 6	do.	V.	Prinz Adalbert.
v. Meyerinck, Tony ⊙R KbgRM	O	21. 4. 84	2 5	1 6	do.	W.	Gneisenau.
Pohl, Friedrich	O	11. 4. 85	2 —	1 6	do.	X.	Prinz Adalbert.
Kloebe II., Friedrich	O	do.	2 —	1 6	do.	Y.	do.
Wedding, Karl	O	do.	2 —	1 6	do.	Z.	do.
Albinus, Gustav	O	do.	2 —	1 6	do.	Aa.	Gneisenau.
Valentiner, Hugo	O	do.	2 —	1 4	10. 7. 86		Prinz Adalbert.
v. d. Osten, Karl	O	16. 4. 86	— 11	— 6	12. 4. 87		Stein.
Uthemann, Hans	O	do.	— 11	— 6	do.	A.	Moltke.
Pindter, Wilhelm	O	do.	— 11	— 6	do.	B.	Stein.
Jörs, Johannes	O	do.	— 11	— 6	do.	C.	Moltke.
Timme, Wilhelm	O	do.	— 11	— 6	do.	D.	Stein.
Dewitz, Georg	O	do.	— 11	— 6	do.	E.	Moltke.
v. Abeken, Hans	O	do.	— 11	— 6	do.	F.	Stein.
Heuser, Karl	O	do.	— 11	— 6	do.	G.	Moltke.

Seekadetten.

Charge, Namen, Orden und Ehrenzeichen.	Stationsort.	Diensteintritt.	Gesammt-Seedienstzeit. J. M.	Seedienstzeit in der innehabenden Charge. J. M.	Datum des Patents.	Dienstverhältniß.
Hartog, Johannes	O	16. 4. 86	— 11	— 6	12. 4. 87 H.	Stein.
Frhr. v. Keyserlingk, Walter	O	do.	— 11	— 6	do. J.	Moltke.
Lange, Richard	O	do.	— 11	— 6	do. K.	Stein.
v. Trotha, Adolf	O	do.	— 11	— 6	do. L.	Moltke.
Werner, Max	O	do.	— 11	— 6	do. M.	Stein.
Meurer, Hugo	O	do.	— 11	— 6	do. N.	Moltke.
Engelhard, Paul	O	do.	— 11	— 6	do. O.	Stein.
Hahn, Max	O	do.	— 11	— 6	do. P.	Moltke.
Sievers, Karl	O	do.	— 11	— 6	do. Q.	Stein.
v. Manteuffel, Hugo	O	do.	— 11	— 6	do. R.	Moltke.
Feldt, Konstanz	O	do.	— 11	— 6	do. S.	Stein.
Scheunemann, Ulrich	O	11. 4. 85	1 4	— 6	do. T.	Moltke.
Siegmund, Walter	O	16. 4. 86	— 11	— 6	do. U.	Stein.
Engels, Eduard	O	do.	— 11	— 6	do. V.	Moltke.
Oltmann, Friedrich	O	do.	— 11	— 6	do. W.	Stein.
v. Trützschler und Falkenstein, Fritz	O	do.	— 11	— 6	do. Z.	Moltke.
v. Poser und Groß-Näblitz, Hans	O	do.	— 11	— 6	do. Aa.	do.
Frhr. v. Diepenbroick-Grüter, Richard	O	do.	— 11	— 6	do. Bb.	Stein.

Abg.: Seekad. v. Burchard (A. K.-O. v. 16. 8. 87) u. Stavenhagen (A. K.-O. v. 15. 11. 87) beh. Uebertr. z. Armee v. d. Marine ausgesch.; gleichz. sind dies. als Portepeefähnriche angest.: Seekad. v. Burchard m. Pat. v. 12. 4. 87. i. 2. Garde-Feld-Art.-Regt., Seekad. v. Stavenhagen m. Pat. v. 12. 4. 87 i. Lauenburg. Jäg.-Bat. Nr. 9.

Kadetten.

Charge, Namen, Orden und Ehrenzeichen.	Stationsort.	Dienst=eintritt.	Ge-sammt-See-dienst-zeit. J. M.	See-dienstzeit in der inne-habenden Charge. J. M.	Datum der Ernennung.	Dienst=verhältniß.
Redlich, Johannes	O	15. 4. 87	— 5	— 5	15. 4. 87	Marineschule.
Lübbert, Ulrich	O	do.	— 5	— 5	do.	do.
Kleinschmidt, Bernhard	O	16. 4. 86	— 10	— 10	16. 4. 86	do.
Dyes, Hermann	O	15. 4. 87	— 5	— 5	15. 4. 87	do.
Richter, Johannes Paul	O	do.	— 5	— 5	do.	do.
Rexroth, Richard	O	do.	— 5	— 5	do.	do.
Jacobi, Ernst	O	do.	— 5	- 5	do.	do.
Tiesmeyer, Friedrich	O	do.	— 5	— 5	do.	do.
Karpf, Johannes	O	do.	— 5	— 5	do.	do.
v. Roß, Walter	O	do.	— 5	— 5	do.	do.
Fremerey, Gustav	O	do.	— 5	— 5	do.	do.
Lohmann, Johann	O	do.	— 5	— 5	do.	do.
Keller, Edmund	O	do.	— 5	— 5	do.	do.
Schröder, Hermann	O	do.	— 5	— 5	do.	do.
Fuchs, Theodor	O	do.	— 5	— 5	do.	do.
v. Strombeck, Ernst	O	do.	— 5	— 5	do.	do.
Eitner, Georg	O	do.	— 5	— 5	do.	do.
Kopp, Karl	O	do.	— 5	— 5	do.	do.
Höpfner, Wilhelm	O	do.	— 5	— 5	do.	do.
Kienel, Adalbert	O	do.	— 5	— 5	do.	do.
Goette I., Ernst	O	do.	— 5	— 5	do.	do.
Varrentrapp, Eduard	O	do.	— 5	— 5	do.	do.
v. Mantey, Eberhard	O	do.	— 5	— 5	do.	do.
Hering, Karl	O	do.	— 5	— 5	do.	do.
Keyl, Franz	O	do.	— 5	— 5	do.	do.
Koerber, Hans	O	do.	— 5	— 5	do.	do.
Vles, Viktor	O	do.	— 5	— 5	do.	do.
Thorbecke, Karl	O	do.	— 5	— 5	do.	do.
Gr. v. Saurma=Jeltsch, Walter	O	do.	— 5	— 5	do.	do.
Bornmüller, Alfred	O	do.	— 5	— 5	do.	do.
Jannsen, Heinrich	O	do.	— 5	— 5	do.	do.
v. Brause, Hans	O	do.	— 5	— 5	do.	do.
Burchard, Eduard	O	do.	— 5	— 5	do.	do.
Gr. v. Monts, Erich	O	do.	— 5	— 5	do.	do.
v. Obernitz, Moritz	O	do.	— 5	— 5	do.	do.
Gr. Posadowsky=Wehner, Harry	O	do.	— 5	— 5	do.	do.
thor Straten, Emil	O	do.	— 5	— 5	do.	do.
Meinardus, Otto	O	do.	— 5	— 5	do.	do.
Goette II., Adolf	O	do.	— 5	— 5	do.	do.
Küsel, Hans	O	do.	— 5	— 5	do.	do.
v. Lehsten, Friedrich	O	do.	— 5	— 5	do.	do.

Kadetten.

Charge, Namen, Orden und Ehrenzeichen.	Stationsort.	Dienst-eintritt.	Gesammt-Seedienstzeit. J. M.	Seedienstzeit in der inne-habenden Charge. J. M.	Datum der Ernennung.	Dienst-verhältniß.
Pieper, Waldemar	O	15. 4. 87	— 5	— 5	15. 4. 87	Marineschule.
Menger, Friedrich	O	do.	— 5	— 5	do.	do.
Schmidt, Paul	O	do.	— 5	— 5	do.	do.
Schlemmer, Ferdinand	O	do.	— 5	— 5	do.	do.
Przewisinski, Erich	O	do.	— 5	— 5	do.	do.
Credner, Otto	O	do.	— 5	— 5	do.	do.

Abg.: Kad. Schneider (1. 10. 87) u. v. Kotze (17. 2. 87) entl.

Offizierkorps des Seebataillons.

Charge, Namen, Orden und Ehrenzeichen.	Stationsort.	Dienst=eintritt.	Datum des Patents.	Dienst=verhältniß.
Oberst.				
v. Roques, Georg ✠3 ✠3 ✠2 ✠	O	10. 6. 51	15. 1. 87 H.	Kom. b. Seebat.; zugl. Führer des 1. Halbbat.
Major.				
Gresser, Hermann ✠4 ✠2 ✠	N	15. 1. 61	K.-O. 6. 8. 87 Char.	Führer b. 2. Halbbat.; zugl. Vorst. b. Bekleidungsamts zu Wilhh.
Hauptleute.				
Lölhöffel v. Löwensprung, Kurt ✠4 ✠2 CR ✠	O	2. 5. 63	15. 9. 77 A.	Vorst. b. Bekleidungsamts zu Kiel.
Fähnbrich, Ferdinand ✠2 BMV3b MMV2	N	2. 7. 66	24. 6. 81	Chef b. 1. Komp.
Damrath, Rudolf	O	10. 1. 68	13. 12. 82	= 5. =
v. Görne, Kurt ✠2 RSt3	O	1. 10. 69	20. 10. 83	= 3. =
v. Hartmann, Marton ✠2 MGr4 MMV2 MStMV	O	7. 4. 70	14.4.85 H 2h.	= 6. =
Lettgau, Oskar ✠2 LH.EK3x	N	12. 4. 69	12. 6. 85	= 2. =
Floerke, Gustav ✠2 MMV2	N	do.	22. 3. 86	= 4. =
Premier=Lieutenants.				
v. Prittwitz u. Gaffron, Robert	N	2. 8. 70	22.3.81 N7n.	4. Komp.
Scheeffer, Oskar VBB5	N	14. 4. 77	22. 3. 86 A.	3. Abj. b. b. Kdo. b. Marinestat. b. Nordsee.
Hildebrandt, Karl	O	26. 6. 76	11.12.86V2v.	3. Abj. b. b. Kdo. b. Marinestat. b. Ostsee.
Gr. v. Herzberg, Eugen	O	27. 3. 76	22. 3. 87U7u.	6. Komp.
Geßner, Otto	N	1. 10. 77	17. 6. 87 Y2y.	1. =
v. Etzel, Otto ✠4	O	16. 3. 78	16. 8. 87 S2s.	5. =
Sekond=Lieutenants.				
Frhr. Treusch v. Buttlar=Brandenfels, Wolfgang VBB5	N	17. 4. 80	17. 4. 79 1.	2. Komp.
v. Freyhold, Waldemar	O	do.	do. A.	3. =
v. Bülow, Hermann	N	18. 3. 78	11. 6. 79 E.	4. =
Bode, Johannes	O	1. 4. 78	do. H.	Abj.b.Seebat.

Offizierkorps des Seebataillons. 63

Charge, Namen, Orden und Ehrenzeichen.	Stationsort.	Dienst=eintritt.	Datum des Patents.	Dienst=verhältniß.
v. Rützleben, Friedrich Ö<small>E</small>VK	N	7. 1. 79	14. 10. 79	1. Komp.
Knopf, Oskar	O	29. 3. 78	16. 10. 79	6. =
Frhr. v. Wangenheim, Ernst	O	16. 4. 81	16. 4. 80 A.	Prinz Adalbert.
v. b. Esch, Adolf	N	7. 2. 79	14. 6. 80	2. Komp.
Becker, Alfred	O	1. 10. 80	11. 2. 81	Stein.
Eben, Otto	N	do.	do. B.	Gneisenau.
Ludendorff, Erich	N	15. 4. 82	15. 4. 81	4. Komp.
v. Roques, Adolf	O	16. 4. 81	16. 4. 81	Moltke.
Fischer, Ernst	O	15. 4. 75	1. 7. 81	3. Komp.
v. Oven, Burghard	N	3. 4. 81	13. 9. 81	1. =
Hausmann, Karl	O	17. 4. 80	16. 9. 81 F9f.	6. =
Transfeldt, Max	O	14. 4. 83	14. 4. 82	3. =
Geppert, Franz	N	23. 1. 82	11. 9. 83Pp.	4. =
v. Rameke, Albrecht	N	9. 3. 83	13. 9. 84A4a.	2. =
v. Kaehne, Kuno	O	6. 10. 83	14. 2. 85 F6f.	5. =
à la suite:				
General der Infanterie z. D.				
v. Stosch, Albrecht	—	15. 8. 35	22. 3. 75 F.	s. à la suite b. Seeoffizier=korps.
Oberst.				
Friedrich Wilhelm Viktor Albert Prinz von Preußen K. H. ⚜ ✠1 ⚜1 HEK1 AAB1 BdT BZL1 BH BrHL1 GHL1 GSF1 HSEH1 MWK1α OV1mgK,uK SR WK1 BL1 DE GE1 GH JAn JKd NL1 ÖSt1 PAP PvCuBd'A PT1 StvRum1 RAd 2c. SSer SWA1 ST1 SK1 SGV TJ1 TO1mBr Kom. b. Garde=Hus.=Regts., à la suite b. 1. Garde=Regts. z. F., b. Gren.=Regts. König Friedrich Wilhelm IV. (1. Pomm.) Nr. 2 u. b. 2. Garde=Landw.=Regts.	—	27. 1. 69	16. 9. 85	

Abg.: Folgende Offiziere sind behufs Rücktritts zur Armee bei der Marine ausgeschieden: Maj. Düh=ring (A. K.=O. v. 6. 8. 87) als Bat.Kom. i. 6. Thüring. Inf.=Regt. Nr. 95, Prem.=Lieut. Bullrich (A. K.=O. v. 17. 6. 87) i. 6. Rhein. Inf.=Regt. Nr. 68, Prem.=Lieut. Klaeber (A. K.=O. v. 11. 12. 86) i. 7. Thüring. Inf.=Regt. Nr. 96, Prem.=Lieut. v. Faber (A. K.=O. v. 22. 3. 87) i. Inf.=Regt. Nr. 138, Prem.=Lieut. Frhr. v. Barnekow (A. K.=O. v. 28. 6. 87) i. Kaiser Franz Garde=Gren.=Regt. Nr. 2, Sek.=Lieut. Keller (A. K.=O. v. 22. 3. 87) unter Bef. z. Prem.=Lieut. i. 6. Bad. Inf.=Regt. Nr. 114, Sek.=Lieut. v. Loeper (A. K.=O. v. 14. 4. 87) i. Großh. Mecklenb. Füs.=Regt. Nr. 90, Prem.=Lieut. Heye (A. K.=O. v. 16. 8. 87) i. 5. Rhein. Inf.=Regt. Nr. 65 — angest.

Maschinen- und Torpeder-Ingenieurkorps.

Charge, Namen, Orden und Ehrenzeichen.	Stationsort.	Dienst-eintritt.	Ge-sammt-See-dienst-zeit. J. M.	See-dienstzeit in der inne-habenden Charge. J. M.	Datum des Patents.	Dienst-verhältniß.

Maschinen-Ingenieure.
a. Marinestation der Ostsee.

Stabs-Ingenieur.

Budding, Henry ✠4 ✠4	O	18. 6. 72	4 9	— —	12. 4. 87	Stat.=Masch.=Ing. u. I. Werftdiv.

Maschinen-Ober-Ingenieur.

Gebhardtsbauer, Albert ✠4 ✠4 ✠	O	1. 4. 58 6. 1. 64.	7 10	— 2	17. 3. 85	I. Werftdiv., leit. Ing. b. Maschinisten-sekt.

Maschinen-Ingenieure.

Ballerstaedt, Hermann ✠4 ✠	O	11. 6. 59	12 4	— 7	13. 5. 79 A.	I. Werftdiv.
Ehrenkönig, Friedrich ✠4 ✠	O	1. 10. 59	12 —	— 11	11. 4. 82	Deckoffizier-schule, Lehrer.
Holländer, Max ✠4 ✠	O	29. 3. 66	11 7	— 11	do. A	I. Werftdiv.
Franke, Karl ✠	O	22. 8. 64	16 10	2 —	27. 5. 84	Hansa.
Seltmann, Julius ✠4 OA ✠	O	6. 2. 58	13 2	— 4	12. 8. 84	Bayern.
Riemann, Ernst ✠	O	16. 10. 65 21. 6. 68	13 2	1 —	17. 3. 85	Reservediv. (f. Baden.)
Bräunig, Herrmann E.W.²	O	15. 10. 65	8 8	— 2	do. B.	Reservediv. (f. Württemberg.)
Schmidt, Otto ✠	O	1. 4. 65 1. 10. 67	10 11	— —	16. 3. 86	Deckoffizier-schule, Lehrer.

Maschinen-Unter-Ingenieure.

Rasser, Heinrich ✠	O	1. 1. 68	12 2	2 8	28. 4. 81 B.	Gneisenau.
Buschmann, Bernhard ✠	O	28. 12. 67	12 8	2 4	13. 10. 81	Techn. Hochsch. zu Charlotten-burg.

Maschinen-Ingenieurkorps. 65

Charge, Namen, Orden und Ehrenzeichen.	Stationsort.	Dienst-eintritt.	Gesammt-Seedienstzeit. J. M.	Seedienstzeit in der innehabenden Charge. J. M.	Datum des Patents.	Dienstverhältniß.
Jantzen, Karl ✠	O	27. 12. 65 / 27. 11. 75	13 3	2 4	13. 10. 81 D.	Techn. Hochsch. zu Charlottenburg.
Walz, Eduard ✠	O	1. 2. 67	13 4	3 2	11. 4. 82 A.	I. Werftdiv.
Flügger, Wilhelm ✠	O	1. 1. 68	12 5	2 4	do. C.	Insp. d. Torpedow.
Raetz, Otto ✠	O	do.	13 10	4 1	do. D.	I. Werftdiv.
Merks, Wilhelm ✠	O	16. 1. 68	13 —	3 7	do. E.	Moltke.
Garbe, Heinrich ✠4 ✠	O	1. 2. 69	12 6	2 6	17. 4. 83	Reservediv. (f. Sachsen.)
Hestermann, Johannes E.K.²	O	1. 2. 70 / 1. 10 73.	12 8	2 2	9. 7. 84 / K.-O. 21.9.84 ern.	Blücher.
Orlin, Otto ✠	O	1. 11. 66 / 3. 6. 74	13 6	2 3	10. 7. 84	I. Torpedoabth.
Kählert, Karl E.K.²	O	26. 2. 71	10 2	1 8	11. 7. 85	Carola.
Schütze, Karl E.K.²	O	1. 4. 72	9 5	— 4	16. 3. 86 B.	I. Torpedoabth.
Eggert, Franz E.K.²	O	15. 6. 72	10 3	— 2	do. C.	do.
Gottschalk, Karl E.K.¹	O	1. 4. 71 / 12. 2. 74	11 4	— —	28. 6. 87	I. Werftdiv.

b. Marinestation der Nordsee.

Maschinen-Ober-Ingenieure.						
Kapitzki, Louis ✠4 ✠	N	15. 6. 52	8 7	1 5	19. 9. 76	Stat.-Masch. Ing. u. II. Werftdiv.
Prox, Hermann ✠4 ✠4 ✠	N	19. 7. 54	12 9	— 3	10. 2. 85	II. Werftdiv., leit. Ing. d. Maschinistensekt.

Maschinen-Ingenieure.						
Herter, Ferdinand ✠4 ✠	N	24. 11. 60	9 6	— 10	30. 9. 81	II. Werftdiv.
Aßmann, August ✠4 ⊙A	N	4. 8. 60	14 5	3 1	13. 10. 81	do.
Mislich, Julius ✠4 ✠	N	11. 11. 63	12 8	1 7	11. 4. 82 B. / K.-O. 23.6.82 ern.	Prinz Adalbert.
Seybell, Ulrich ✠4 ✠	N	2. 5. 64	11 6	— 8	11. 4. 82 C.	II. Werftdiv.
Fontane, August ✠4 ✠	N	1. 4. 63 / 7. 11. 66	10 11	2 1	17. 4. 83	do.

Maschinen- und Torpeder-Ingenieurkorps.

Charge, Namen, Orden und Ehrenzeichen.	Stationsort.	Dienst-eintritt.	Ge-sammt-Seedienst-zeit. J. M.	Seedienstzeit in der innehabenden Charge. J. M.	Datum des Patents.	Dienstverhältniß.
Beckers, Karl ✠	N	29. 1. 66	12 9	2 3	17. 3. 85 A.	II. Werftdiv.
Johannsen, Wilhelm ✠	N	6. 3. 67	11 8	1 4	16. 3. 86 A.	Bismarck.
Erhard, Konrad ✠	N	1. 4. 65 1. 7. 67	10 6	— —	28. 6. 87	Techn. Hochsch. zu Charlottenburg.
Maschinen-Unter-Ingenieure.						
Hempel, Leo F.W.3	N	1. 10. 67	10 7	2 9	28. 4. 81 A.	II. Werftdiv.
Bartsch, Ludwig ✠4 F.W.2	N	28. 12. 67	10 2	1 10	13. 10. 81 A. R.-O. 2.6.81 ern.	Stein.
Rogge, Adalbert F.W.2	N	2. 2. 69	11 4	3 4	17. 1. 82	II. Werftdiv.
Barth, Hermann F.W.3	N	29. 7. 70	10 7	3 10	11. 4. 82 B.	II. Torpedoabth.
Meißner, Gustav F.W.3	N	2. 6. 71	10 —	2 9	20. 2. 83	II. Werftdiv.
Dittrich, Otto F.W.2	N	1. 4. 71	12 8	3 2	15. 4. 84	II. Torpedoabth.
Fornée, Johannes F.W.2	N	do.	10 3	— 8	10. 2. 85	II. Werftdiv.
Schirnick, Karl F.W.3	N	1. 4. 71 22. 3. 74	10 2	1 2	17. 3. 85	do.
Prüssing, August F.W.2	N	18. 4. 72	8 10	1 4	11. 7. 85 A.	do.
Schlichter, Albert F.W.3	N	do.	8 11	— 10	16. 3. 86	Bredow.
Lehmann, Hermann F.W.2	N	13. 6. 70 28. 12. 75	9 9	1 7	do. A.	Sophie.
Köbisch, Alexander F.W.1	N	1. 4. 72	9 10	— 2	16. 8. 87	II. Werftdiv.

Torpeder-Ingenieure.
Marinestation der Ostsee.

Torpeder-Ingenieur.						
Voigt, Bernhard ✠4 ✠2 F.W.3	O	15. 10. 65	1 9	1 4	16. 8. 81	Blücher.
Torpeder-Unter-Ingenieure.						
Siggelkow, August ✠	O	2. 10. 62 1. 6. 65	10 4	— —	16. 8. 81	Torpedobep. zu Friedrichsort.
Egger, Karl F.W.2	O	26. 7. 70	8 11	— —	10. 2. 85 B. R.-O. 20.6.85 ern.	do.
Diegel, Karl F.W.3	O	2. 2. 75 20. 11. 77	5 5	— —	12. 4. 87	Blücher.

Abg.: Masch.-Ob.-Ing. Goetz (A. K.-O. v. 8. 11. 87), Masch.-Ing. Becker (A. K.-O. v. 12. 4. 87) u. Msch.-Unt.-Ing. Roeske (A. K.-O. v. 12. 7. 87) b. Absch. m. d. gesetzl. Pens. u. d. Erl. z. Trag. d. bish. Unif. m. d. f. Verabsch. vorgeschr. Abz. bezw., Masch.-Ob.-Ing. Goetz u. Masch.-Unt.-Ing. Roeske unter gleichz. Erth. d. Aussz. a. Anst. i. Civild.

Feuerwerks-, Zeug- und Torpedeoffiziere.

Charge, Namen, Orden und Ehrenzeichen.	Stationsort.	Dienst=eintritt.	Datum des Patents.	Dienst=verhältniß.

Feuerwerksoffiziere.

Feuerwerks=Hauptleute.

Thoma, Julius ✠4 ✠	O	21. 2. 57	8. 4. 79 A.	Werft zu Kiel, t. z. Adm. u. als Lehrer z. Oberfeuerw.=Schule.
Brandt, Julius ✠4 ✠	N	1. 4. 57	13. 10. 81	Werft zu Wilhh.
Harcks, Karl ✠4 ✠	N	1. 10. 57	16. 3. 85 K.-O. 14. 4. 85 ern.	Artilleriedep. zu Geestemünde.
Ebert, Karl ✠4 ✠	N	3. 10. 56	15. 8. 85	Werft zu Wilhh.
v. Wittkowski, Bernhard ✠4 ✠	O	20. 3. 56	16. 3. 86	Werft zu Kiel.

Feuerwerks=Premier=Lieutenants.

Runge, Gustav ✠	O	1. 4. 59	8. 1. 84 A.	Werft zu Kiel.
Dau, Peter ○A ✠	N	1. 4. 56	16. 3. 85 A. K.-O. 14. 4. 85 ern.	Werft zu Wilhh.
Prollius, Adolf ✠	N	1. 2. 66	15. 8. 85	do., t. z. Adm.
Knauth, Gustav ✠	N	15. 1. 63	16. 3. 86	Artilleriedep. zu Wilhh.
Tautz, Heinrich ✠	O	4. 8. 60	13. 4. 86	Artilleriedep. zu Friedrichsort.
Pribnow, Amandus ✠	N	5. 4. 61	12. 4. 87	Artilleriedep. zu Geestemünde.
Klopsch, Eduard ✠	N	15. 8. 59	do. A.	Artilleriedep. zu Wilhh., t. z. Adm.
Hecker, Adolf ✠	N	30. 5. 61	7. 5. 87	Artilleriedep. zu Wilhh., t. z. Insp. d. Marineart.

Charge, Namen, Orden und Ehrenzeichen.	Stationsort.	Diensteintritt.	Datum des Patents.	Dienstverhältniß.
Feuerwerks-Lieutenants.				
Saffenhagen, Ottomar ✠	O	31. 5. 61	15. 8. 85	Werft zu Kiel.
Mannigel, Oskar ⓐ ✠	O	14. 3. 59	13. 4. 86	Artilleriedep. zu Friedrichsort.
Raasch, Wilhelm ⓐ ✠	O	1. 6. 60	12. 4. 87	do.
Worrmann, Albert ✠	N	1. 6. 64	do. A.	Artilleriedep. zu Wilhh.
Röttcher, Karl ⓐ ✠	O	16. 4. 65	do. B.	Artilleriedep. zu Friedrichsort.
Palm, Hermann ⓐ F.W.1	N	16. 8. 61	16. 8. 87	Werft zu Wilhh.
Hanff, Wilhelm F.W.1	N	14. 9. 66	8. 11. 87	Artilleriedep. zu Geestemünde.
Zeugoffiziere.				
Zeug-Hauptleute.				
Brandt, August ✠4 ✠4 ✠	N	1. 10. 47	24. 12. 72 A.	Artilleriedep. zu Wilhh.
Zimmermann, Friedrich ✠4 ✠	O	8. 10. 57	16. 3. 85 A. R.-O. 14. 4. 85 ern.	Artilleriedep. zu Friedrichsort.
Hanig, Julius ✠4 ✠	O	21. 10. 60	12. 4. 87	do.
Pudor, Theodor ✠4 ✠	N	1. 5. 59 8. 1. 64	do. A.	Artilleriedep. zu Wilhh.
Zakrzewski, August ✠	O	6. 11. 59	16. 8. 87	Werft zu Kiel.
Zeug-Premier-Lieutenants.				
Wien, August ✠	N	18. 2. 61	16. 3. 85 R.-O. 14. 4. 85 ern.	Artilleriedep. zu Wilhh.
Weinert, Wilhelm ⓐ F.W.1	O	1. 4. 63	16. 8. 87	Artilleriedep. zu Friedrichsort.
Zeug-Lieutenants.				
Berting, Julius ⓐ ✠	N	8. 11. 60	16. 3. 85 B. R.-O. 14. 4. 85 ern.	Artilleriedep. zu Wilhh.
Kannenberg, Wilhelm ⓐ ✠	N	1. 10. 64	12. 4. 87. C.	do.

Torpedeoffiziere.

Charge, Namen, Orden und Ehrenzeichen.	Stationsort.	Dienst-eintritt.	Datum des Patents.	Dienst-verhältniß.
Torpeder-Kapitän-Lieutenants.				
Kuhnke, Ludwig ⚔4 ✠	O	1. 11. 54	17. 3. 85	Minendep. zu Friedrichsort.
Heider, Konrad ✠	N	13. 8. 61	do. A.	Minendep. zu Wilhh., k. als Lehrer z. Deckoffizierich.
Torpeder-Lieutenants.				
Schmidt, August ○A ✠	O	11. 4. 55	16. 8. 81	Torpedodep. zu Friedrichsort.
Lübtke, Franz ○R ✠	N	1. 4. 64	17. 3. 85 A.	Minendep. zu Geestemünde.
Gehl, Paul ✠	N	1. 6. 65	do. B.	Minendep. zu Wilhh., k. z. Insp. d. Marineart.
Torpeder-Unter-Lieutenants.				
Dreßler, Robert E.W.2	O	15. 4. 67	17. 3. 85	Torpedodep. zu Friedrichsort.
Wudtke, Hermann E.W.3	N	30. 4. 70	do. A.	Werft zu Wilhh.
Nitsch, Friedrich E.W.3	O	do.	do. B.	Torpedodep. zu Friedrichsort.
Matz, Wilhelm E.W.2	N	15. 10. 66	do. C.	Minendep. zu Wilhh.
Zimmermann, August E.W.2	O	30. 4. 70	14. 12. 86	Minendep. zu Friedrichsort.
Kihcköfel, August E.W.2	O	22. 4. 72	12. 4. 87	Torpedodep. zu Friedrichsort.
Wietz, Ferdinand E.W.3	N	15. 3. 73	do. A.	Minendep. zu Geestemünde.

Abg.: Zeug-Hauptm. Bohlmann (A. K.-O. v. 28. 6. 87) b. Abich. m. d. geietzl. Penj. u. d. Erl. z. Trag. d. bish. Unif. m. d. f. Verabich. vorgeschr. Abz. bew.; außerdem Abg.: Zeug-Lieut. Pichert.

Sanitäts-Offizierkorps.

Charge, Namen, Orden und Ehrenzeichen	Stationsort	Dienst-eintritt	Ge-sammt-Dienst-zeit J. M.	See-dienstzeit in der innehabenden Charge J. M.	Datum des Patents	Dienst-verhältniß
General-Arzt 1. Klasse.						
Dr. Wenzel, Karl ✠3 ✠2 ✠	B	1. 10. 54	7 8	— —	K.-O. 3. 4. 83	Admiralität.
Ober-Stabs-Ärzte 1. Klasse.						
Dr. Metzner, Edmund ✠4 ✠3 ○R ✠ SEK3	N	15. 7. 58	10 11	— —	26. 11. 81 A. K.-O. 23. 5. 76 ern.	Stat.-Arzt zu Wilhh.
Dr. Hüthe, Julius ✠4 ✠3 ✠ SEK3 NO3	O	1. 9. 61	9 3	— 10	24. 11. 85 A. K.-O. 29. 4. 79	Stat.-Arzt zu Kiel.
Dr. Bäuerlein, Karl ✠4 ✠3 ✠ GE4 TM4	N	1. 1. 63	9 1	— —	28. 9. 86 B. K.-O. 24. 4. 82	Wilhh.
Dr. Gutschow, Hermann ✠4 ✠4 ✠ JVAS4	O	1. 4. 66	6 2	— 7	K.-O. 22. 6. 86	Marineakad. u. -Schule.
Ober-Stabs-Ärzte 2. Klasse.						
Dr. Kuegler, Paul ✠4 ✠ JVAS4	N	20. 7. 66	5 2	1 1	K.-O. 24. 4. 82	Wilhh.
Dr. Braune, Rudolf ✠4 AAB3b JK4 JVAS4 TM4 TNJf13	O	1. 5. 69	7 1	— 2	K.-O. 22. 6. 86	Chef-Arzt zu Friedrichsort.
Dr. Diehl, Friedrich ✠	O	1. 10. 68	6 2	1 2	K.-O. 24. 8. 86	Bismarck, Geschw.-Arzt.
Dr. Kuntzen, Rudolf ○R	N	9. 8. 70	6 2	— 4	K.-O. 21. 6. 87	Stein, Geschw.-Arzt.
Stabs-Ärzte.						
Dr. Globig, Max	O	6. 8. 70	5 2	2 8	22. 6. 82 B. K.-O. 27. 4. 80	Kiel.
Dr. Groppe, Lorenz	N	29. 7. 70	7 —	3 7	14. 10. 82 E. K.-O. 16. 4. 81	II. Matrosendiv., Stab u. 1. Abth.

Sanitäts-Offizierkorps.

Charge, Namen, Orden und Ehrenzeichen.	Stationsort.	Diensteintritt.	GesammtSeedienstzeit. J. M.	Seedienstzeit in der innehabenden Charge. J. M.	Datum des Patents.	Dienstverhältniß.
Sander, Moritz ✠4	O	4. 8. 70	7 5	2 9	28. 11. 82 D. K.-O. 25. 3. 82	I. Werftdiv.
Dr. Wendt, Georg	N	9. 8. 70	6 6	2 5	24. 5. 83 A. K.-O. 24. 4. 82	II. Werftdiv.
Dr. Thörner, Georg ✠4 BrsR4 VBB4	O	1. 4. 75	4 10	2 9	29.11.83 D. K.-O. 24. 4. 82	I. Matrosendiv., Stab u. 1. Abth.
Dr. Kleffel, Richard ✠4 MD4	N	8. 8. 70	4 10	1 9	do. H. do.	Chef-Arzt zu Yokohama.
Dr. Fischer, Bernhard ✠3sw ✠4 HSEH3b TO4	O	1. 5. 73	6 —	2 5	27. 11. 84 C. K.-O. 21. 6. 83	Seebat.
Prinz, Eduard BVK70/71 WO VBB4	N	1. 4. 75	5 7	1 2	do. D. K.-O. 30. 8. 83	Prinz Adalbert.
Dr. Düsterhoff, Bernhard	O	20. 8. 70	4 11	1 3	do. J. K.-O. 29. 11. 83	Moltke.
Schreuer, Wilhelm RSt3	N	1. 4. 75	5 6	— 11	do. M. K.-O. 26. 1. 84	III. Matrosenart.-Abth.
Dr. Fritz, Otto TM4	O	1. 5. 73	5 4	1 3	27. 1. 85	Gneisenau.
Dr. Dippe, Edwin VBB4	O	do.	4 11	1 5	do. A. K.-O. 30. 4. 85	Charité, Berlin.
Dr. Bornträger, Jean	N	3. 9. 70	6 3	1 7	24. 11. 85 N. K.-O. 30. 4. 85	Friedr.-Wilh.-Inst., Berlin.
Dr. Schneider, Konrad	O	1. 5. 73	6 5	2 1	17. 12. 85 A. K.-O. 30. 4. 85	I. Torpedoabth.
Dr. Brunhoff, Heinrich VBB4	N	1. 4. 74	4 2	1 6	27. 7. 86 D. K.-O. 30. 4. 85	II. Matrosenart.-Abth.
Dr. Schmidt, Paul	O	do.	5 —	1 7	22. 3. 87 B. K.-O. 17. 12. 85	Carola.
Dr. Dreising, Ulrich	N	1. 4. 75	5 —	1 6	do. K. do.	II. Torpedoabth.
Niemann, Gustav	N	1. 10. 74	6 5	1 2	do. L. K.-O. 18. 3. 86	Sophie.
Elste, Otto	N	1. 4. 75	3 3	— 5	do. Bb. K.-O. 22. 6. 86	Olga.
Weinheimer, Hans	O	1. 4. 76	5 6	— 8	do. Ji. K.-O. 24. 8. 86	Kiel.
Dr. Richter, Maximilian	N	do.	4 —	— 1	do. Mm. do.	2. Halbbat. d. Seebat.
Dr. Brandstaeter, Walter	N	do.	4 2	— 6	24. 9. 87 A. K.-O. 21. 4. 87	Ariadne.
Dr. Weiß, Richard	O	1. 4. 77	3 6	— —	K.-O. 21. 4. 87	Kiel.
Dr. Nocht, Bernhard	N	do.	3 1	— 5	do.	Hygienisches Laboratorium b. Universität zu Berlin.

72 Sanitäts-Offizierkorps.

Charge, Namen, Orden und Ehrenzeichen	Stationsort	Diensteintritt	Gesammt-Seedienstzeit J. M.	Seedienstzeit in der innehabenden Charge J. M.	Datum des Patents	Dienstverhältniß
Schubert, Wilhelm	O	1. 4. 81	3 2	— —	K.-O. 21. 4. 87	Kiel.
Dr. Renvers, Albert	N	1. 4. 77	1 11	— 5	K.-O. 19. 5. 87	2. Abth. b. II. Matrosendiv.
Dr. Bliebung, August	O	do.	3 10	— 5	do.	Albatroß.
Dr. Krause, Ernst	O	do.	3 4	— 3	K.-O. 21. 6. 87	2. Abth. b. I. Matrosendiv.
Assistenz-Ärzte 1. Klasse.						
Dr. Schneider, Christian ⚓4 BSIIIV3a	O	1. 10. 76	3 1	1 1	20. 9. 85 J.	Kiel.
Dr. Bürger, Martin	O	1. 4. 78	1 7	1 7	do. V.	Hansa.
Dr. Runkwitz, Johannes	N	do.	3 3	1 5	27. 7. 86 Ee.	Wilhh.
Dr. Sander, Louis	O	1. 10. 82	3 —	— 3	24. 8. 86	Kiel.
Dr. Weidenhammer, Georg	N	1. 10. 77	— 8	— 6	3. 2. 87 Ss. K.-O. 25. 11. 86	Nautilus.
König, Harry	N	1. 4. 78	2 9	— 8	21. 4. 87 R. K.-O. 28. 9. 86	Wilhh.
Dr. Tereszkiewicz, Arthur	O	1. 4. 79	2 2	— —	do. F2f. do.	Adler.
Dr. Dammann, Paul	N	do.	2 8	— 6	do. J2i. do.	Habicht.
Dr. Koch, Paul	N	do.	1 6	1 1	do. P2p. do.	Möwe.
Dr. Davids, Karl	N	do.	2 9	1 —	do. W2w. do.	Wilhh.
Dr. Olshausen, Hans-Detlev	N	1. 4. 80	1 6	1 1	do. D3d. do.	Luise.
Dr. Grotrian, Friedrich	N	1. 4. 79 1. 4. 84	1 10	— 8	do. L3l. K.-O. 1. 3. 87	do.
Roth, Paul	O	1. 4. 80	1 7	— 6	24. 9. 87 L. K.-O. 1. 3. 87	Iltis.
Dr. Machenhauer, Eduard	N	do.	1 1	— —	8. 11. 87 B. K.-O. 21. 4. 87	Eber.
Lerche, Friedrich	O	do.	— 9	— 6	do. J. do.	Cyclop.
Wefers, Oskar	O	1. 4. 77	1 3	— 6	do. K. do.	Gneisenau.
Dr. Arendt, Paul	O	1. 4. 80	1 3	— 5	do. R. do.	Kiel.
Dr. v. Harbou, Bodo	O	do.	1 3	— 2	do. S. do.	Berlin, Bureau des General-Arztes.
Dr. Dirksen I., Eduard	N	do.	1 6	— 6	do. U. do.	Wolf.
Dr. Dirksen II., Heinrich	N	1. 4. 81	— 4	— 3	do. X. K.-O. 26. 7. 87	Stein.
Dr. Bassenge, Rudolf	O	1. 4. 80	1 —	— —	do. Dd. K.-O. 21. 4. 87	Friedrichsort.
Bischof, Gustav	N	do.	— 10	— 2	do. Ff. K.-O. 26. 7. 87	Wilhh.
Dr. Ilse, Friedrich	N	1. 4. 81	1 7	— 3	K.-O. 26. 7. 87	Bismarck.
Hohenberg, Johannes	N	1. 4. 80	— 1	— 1	do.	Mars.

Sanitäts-Offizierkorps.

Charge, Namen, Orden und Ehrenzeichen.	Stationsort.	Diensteintritt.	Gesammt-Seedienstzeit. J. M.	Seedienstzeit in der innehabenden Charge. J. M.	Datum des Patents.		Dienstverhältniß.
Assistenz-Ärzte 2. Klasse.							
Dr. Lotsch, Oskar	O	1. 4. 81	— 4	— 4	20. 4. 86	B.	Prinz Adalbert.
Dr. Spiering, Richard	N	do.	— —	— —	15. 5. 86	F.	Wilhh.
Thalen, Heinrich	N	1. 10. 82	— 6	— 6	22. 6. 86	C.	Loreley.
Dr. Lange, Wilhelm	O	1. 4. 80	— 5	— 5	24. 8. 86		Kiel.
Dr. Erdmann, Georg	O	1. 10. 80	— —	— —	do.	C.	Bayern.
Greifenhagen, Max	N	1. 4. 80	— 1	— 1	28. 9. 86	A.	Wilhh.
Dr. Ruge, Reinhold	N	1. 4. 81	— 5	— 5	do.	E.	do.
Dr. Griebsch, Maximilian	O	do.	— —	— —	3. 2. 87	A.	Kiel.
Dr. Bonte, Paul	O	1. 4. 82	— 7	— 7	1. 3. 87	D.	Moltke.
Schumann, Maximilian	O	1. 10. 80	— 5	— 5	21. 4. 87	B.	Kiel.
Jahn, Otto	O	1. 4. 82	— 5	— 5	do.	C.	do.
Dr. Frentzel-Beyme, Robert	O	do.	— —	— —	21. 6. 87	C.	do.
Dr. Wilm, Max	N	do.	— —	— —	do.	G.	Nixe.
Dr. Kremkau, Karl	N	1. 4. 83	— —	— —	26. 7. 87	E.	Wilhh.
Dr. Arimond, Gustav	N	1. 4. 82	— —	— —	30. 8. 87		do.
Dr. Löwenhardt, Paul	N	1. 4. 83	— —	— —	24. 9. 87	K.	do.
Fischer I., Christian	O	1. 4. 82	— —	— —	do.	M.	Kiel.
v. Köppen, Kurt	O	do.	— —	— —	K.-O. 22. 11. 87		do.
Dr. Fischer II., Hans	O	1. 10. 82	— —	— —	do.		do.
Unter-Ärzte.					Datum der Ernennung.		
Dr. Uthemann, Walther	N	1. 4. 83	— —	— —	15. 3. 87		Friedr.-Wilh. Inst., Berlin.
Dr. Hoffmann, Hermann	N	do.	— —	— —	do.		do.
Dr. Meyer, Paul	N	do.	— —	— —	1. 10. 87		do.

Abg.: Ob.-Stabs-Arzt 2. Kl. Dr. Epping (A. K.-O. v. 24. 9. 87) unter Verl. b. Char. als Ob.-Stabs-Arzt 1. Kl., Stabs-Arzt Dr. Möhring (A. K.-O. v. 1. 3. 87) — b. Absch. m. b. gesetzl. Pens. u. b. Erl. z. Trag. b. bish. Unif. m. b. f. Verabsch. vorgeschr. Abz., Ob.-Stabs-Arzt 2. Kl. Dr. Schotte (A. K.-O. v. 21. 6. 87) b. Absch. m. b. Erl. z. Trag. b. bish. Unif. m. b. f. Verabsch. vorgeschr. Abz. — bew.; Stabs-Arzt Dr. Gaehde (A. K.-O. v. 30. 12. 86) z. Armee u. zwar als Bats.-Arzt z. 1. Bat. 6. Westf. Inf.-Regts. Nr. 55 verf.; Assist.-Arzt 1. Kl. Dr. Müller (A. K.-O. v. 19. 5. 87) a. b. aktiven Sanitätskorps ausgesch. u. z. b. Sanitätsoffiz. b. Marineres. übergetr.; Assist.-Arzt 2. Kl. Dr. Schumann (7. 2. 87) v. f. Kdo. z. Dienstl. b. b. Marine enth. u. z. 4. Garde-Gren.-Regt. zurückgetr.; Stabs-Arzt Schäfer, Assist.-Arzt 1. Kl. Dr. Eckstein u. Assist.-Arzt 2. Kl. Dr. Thomas gest.

Marine-Zahlmeister.

Charge, Namen, Orden und Ehrenzeichen.	Stationsort.	Dienst-eintritt.	Ge-sammt-See-dienst-zeit. J. M.	See-dienstzeit in der inne-habenden Charge. J. M.	Datum der Bestallung.	Dienst-verhältniß.
Marine-Ober-Zahlmeister.						
Wolff, Hermann ✠4 ✠4	O	5. 10. 48	6 4	— —	12. 4. 87 K.-O. 17. 3. 85 Char.	Bekleidungs-amt zu Kiel.
Albrecht, Adolf ✠4 F.W.3	O	5. 10. 54	7 2	— —	do. A. do.	I. Werftdiv., leit. Zahlm. b. Zahlmeisterjett.
Mebing, August ✠4	O	1. 4. 59	8 3	— —	do. B.	Stationskasse zu Kiel, Rend.
Dombrowsky, Louis ✠4	N	13. 10. 57	10 4	— —	do. C.	Bekleidungs-amt zu Wilhh.
Riemer, Gustav ✠4 ✠4	N	1. 4. 59	9 6	— —	do. D.	Stationskasse zu Wilhh., Rend.
Fischer, Hermann ✠4	N	1. 3. 57	10 9	— —	K.-O. 17. 3. 85 Char.	Abwicke-lungsbür. zu Wilhh.
Marine-Zahlmeister.						
Sonnenstuhl, Gustav	O	21. 9. 60	6 8	1 8	25. 5. 75	Abwicke-lungsbür. zu Kiel.
Bartz, Gustav ✠ F.W.3	N	1. 4. 58	10 3	5 —	do. A.	II. Werftdiv.
Richter, Paul ✠4 F.W.3	N	2. 12. 58	13 11	3 —	28. 11. 76	II. Werftdiv., k. z. Wahrn. b. Gesch. als leit. Zahlm. b. Zahlmeisterjett.
Coler, August	O	1. 2. 68	10 9	1 5	14. 8. 80	Marineakad. u. =Schule.
Wachsmann, Emil	N	30. 4. 63	11 1	1 —	26. 4. 81	Stein, Ge-schw.=Zahlm.
Bistram, Georg	O	29. 8. 67	8 11	2 —	11. 4. 82 A. K.-O.13.6.82 ern.	Bayern.
Dregler, Karl F.W.3	N	13. 2. 65	4 2	— 5	14. 11. 82	1. Abth. d. II. Matrosen-div.
Nimé, Max F.W.3	O	28. 5. 62	13 4	1 5	18. 5. 83	I. Werftdiv.
Korte, Rudolf	O	13. 2. 66	14 —	2 6	4. 9. 83	Stationskasse zu Kiel, Kontr.
Kielhorn, Karl	O	1. 2. 69	10 2	1 1	10. 7. 84	Bismarck, Ge-schw.=Zahlm.
Herzog, Otto	N	1. 8. 70	7 7	1 7	17. 3. 85	Prinz Adalbert.

Marine-Zahlmeister.

Charge, Namen, Orden und Ehrenzeichen.	Stationsort.	Dienst- eintritt.	Ge- sammt- See- dienst- zeit. J. M.	See- dienstzeit in der inne- habenden Charge. J. M.	Datum der Bestallung.		Dienst- verhältniß.
Schmidt I., Philipp [F.W.]3	N	1. 10. 67 11. 5. 75	4 9	— 7	17. 3. 85	A.	Stationskasse zu Wilhh., Kontr.
Groth, Albert	N	3. 4. 71	13 4	1 2	31. 7. 86		II. Werftdiv.
Faber, Richard [F.W.]3	O	1. 10. 68	9 4	— 9	do.	A.	Gneisenau.
Ringe, Friedrich	N	1. 9. 71	5 6	— 6	12. 4. 87		Mars.
Zühlsdorff, Gustav [F.W.]2	O	8. 4. 66	13 8	— —	do.	A.	2. Abth. d. I. Matrosen- div.
Koepke I., Albert	N	30. 4. 70	10 7	— —	do.	B.	Ver- pflegungsamt zu Wilhh.
Steinhäuser, Franz	N	1. 4. 73	4 4	— —	do.	C.	III. Matrosen- art.-Abth.
Baetge, Moritz [F.W.]3	N	1. 7. 67	7 3	— —	do.	E.	II. Werftdiv.
Bertrand, Karl [F.W.]3	O	2. 9. 72	6 6	— 5	do.	F.	Blücher.
Scherler, Friedrich	N	7. 12. 74	4 2	— —	do.	G.	2. Halbbat. d. Seebat.
Gronemann, Bernhard	O	1. 4. 73 1. 6. 75	5 3	— —	do.	H.	1. Abth. d. I. Matrosen- div.

Marine- Unter-Zahlmeister.

Charge, Namen, Orden und Ehrenzeichen.	Stationsort.	Dienst- eintritt.	Ge- sammt- See- dienst- zeit. J. M.	See- dienstzeit in der inne- habenden Charge. J. M.	Datum der Bestallung.		Dienst- verhältniß.
Schmidt II., Ludwig	O	18. 4. 74	4 3	2 2	16. 8. 81		Stationskasse zu Kiel.
Hensel, Eugen [F.W.]3	O	15. 5. 73	5 6	2 11	14. 11. 82		Hansa.
Sturtz, Johannes [F.W.]3	N	22. 4. 72	6 5	— 10	12. 12. 82		Sophie.
Roß, Paul [F.W.]3	O	20. 11. 72	5 1	1 10	6. 3. 83		I. Torpedo- abth.
Hellfach, Robert [F.W.]3	O	10. 4. 72	11 —	1 6	14. 7. 83		I. Matrosen- art.-Abth.
Fichtner, Karl	N	18. 3. 75	4 —	1 10	4. 9. 83		II. Matrosen- art.-Abth.
Kusenack, Adolf [F.W.]3	N	22. 4. 72	7 9	2 3	10. 7. 84		II. Matrosen- div.
Lewandowski, Julius [F.W.]3	O	30. 4. 70	6 10	2 4	17. 3. 85		Kiel.
Thiede, August	O	1. 10. 74	6 6	1 11	do.	A.	Olga.
Lehmann, Paul	O	1. 10. 73	4 1	1 6	do.	B.	Carola.
Kasper, Theodor	O	1. 10. 74	9 6	1 6	do.	C.	Adler.
Schmidt III., Felix [F.W.]3	N	1. 10. 73 25. 11. 74	3 7	— 3	do.	D.	Wilhh.

Marine-Zahlmeister.

Charge, Namen, Orden und Ehrenzeichen.	Stationsort.	Dienst=eintritt.	Ge-sammt-Seebienst-zeit. J. M.		See-dienstzeit in der inne-habenden Charge. J. M.		Datum der Bestallung.		Dienst=verhältniß.
Hoffmann, Max	O	25. 6. 74	5	4	—	8	2. 2. 86		Stationskasse zu Kiel.
Gericke, Hugo	O	1. 5. 75	4	1	—	7	do.	A.	Moltke.
Woesner, Adolf ○R F.W.3	N	1. 10. 75	6	11	1	1	31. 7. 86		Nixe.
Gottschow, Karl F.W.3	O	1. 4. 76	3	8	—	—	12. 4. 87		Ver=pflegungsamt zu Kiel.
Gemsky, Ernst F.W.3	N	1. 7. 75	6	2	—	7	do.	A.	Wilhh.
Beykirch, Jakob F.W.3	O	10. 2. 76	3	2	—	—	do.	B.	Seebat., Stab u. 1. Halbbat.
Jahn, Fritz F.W.3	O	1. 10. 75	4	4	—	7	do.	C.	Albatroß.
Krause, Max F.W.3	O	1. 10. 74	7	3	—	4	do.	D.	Stationskasse zu Kiel.
Wulff, Paul F.W.3	O	4. 10. 75	4	2	—	6	do.	E.	Kiel.
Heppner, Adalbert F.W.3	O	1. 10. 75	4	9	—	7	do.	F.	Möwe.
Becker, Franz F.W.3	N	12. 4. 73 / 19. 11. 77	5	5	—	7	do.	G.	Wilhh.
Wapnewski, Max F.W.3	O	1. 1. 76	3	3	—	—	do.	H.	Stationskasse zu Kiel.
Braun, Bernhard F.W.3	O	1. 4. 76	3	8	—	5	do.	J.	Schiffs=jungenabth.
Köpcke II., August F.W.3	N	9. 4. 77	4	11	—	7	do.	K	Wolf.
Teßmar, Wilhelm F.W.3	O	24. 1. 73 / 27. 9. 76	6	7	—	7	do.	L.	Ariadne.
Grieb, Louis F.W.3	N	1. 4. 76	5	8	—	7	do.	M.	Iltis.
Wald, Adalbert F.W.3	N	1. 10. 76	3	9	—	5	do.	N.	2. Abth. d. II. Matrosen=div.
Szczobrowski, Georg F.W.3	O	19. 4. 75	5	5	—	5	do.	O.	Luise.
Kunze, Hermann F.W.3	O	1. 1. 77	2	—	—	1	do.	P.	Eber.
Vorpahl, Lebrecht F.W.3	N	12. 4. 77	2	10	—	—	do.	Q.	II. Torpedo=abth.
Lange, Magnus	N	29. 3. 78	2	1	—	—	do.	R.	Stationskasse zu Wilhh.
Feldmann, Heinrich	O	1. 5. 78	1	11	—	5	do.	S.	Stat.=Kdo. zu Kiel.

Abg.: Mar.-Zahlm. Böhme gest.

Marine-Pfarrer.

Charge, Namen, Orden und Ehrenzeichen.	Stationsort.	Datum der Bestallung.	Dienstverhältniß.
Evangelischer Marine-Ober-Pfarrer.			
Langheld, Erich ✠4 ◯R	O	16. 3. 86	Marinestat. b. Ostsee.
Evangelische Marine-Pfarrer.			
Goedel, Gustav *VBB*	N	18. 1. 76	Marinestat. b. Nordsee.
Heims, Gerhard	O	29. 8. 81	Kiel.
Wangemann, Johann	N	12. 3. 85	Sophie.
Ettel, Waldemar	N	21. 3. 85	Gneisenau.
Runze, Ludwig	O	2. 3. 86	Kiel.
Zierach, Paul	N	19. 4. 87	Ariadne.
Bier, Karl	N	14. 5. 87	Wilhh.
Katholischer Marine-Ober-Pfarrer.			
Wiesemann, Anton ✠4	O	15. 6. 86 (Titel)	Marinestat. b. Ostsee.
Katholischer Marine-Pfarrer.			
Jültenbeck, Adolf	N	4. 4. 86	Marinestat. b. Nordsee.

Abg.: Mar.-Pfarrer Heyn u. Aly beh. Uebertr. i. ein Civil-Pfarramt a. b. Marineb. ausgesch.

Justizbeamte.

Charge, Namen, Orden und Ehrenzeichen.	Stationsort.	Datum der Bestallung.	Dienst-verhältniß.
Auditeur und Justitiar der Admiralität.			
Perels, Ferdinand, Geh. Adm.- u. vortr. Rath, Hauptm. ✠3 ✠2 LD1	B	21. 8. 77	Admiralität.
Stations-Auditeure.			
Loos, Emil, Justiz-Rath ✠4 ✠3	O	5. 3. 67	Marinestat. b. Ostsee.
Reichert, Friedrich, Justiz-Rath	O	10. 4. 77	do.
Dr. Herz, Paul, Justiz-Rath	N	26. 9. 82	Marinestat. b. Nordsee.
Anschütz, Heinrich, Sek.-Lieut.	N	27. 10. 85	Bismarck, Geschw.-Auditeur.
Oelker, Wilhelm, Sek.-Lieut.	N	2. 11. 86	Marinestat. b. Nordsee.

Intendanturbeamte.

Charge, Namen, Orden und Ehrenzeichen.	Datum der Bestallung.	Dienst-verhältniß.
Marine-Intendanten.		
Frhr. v. Lilien, Werner, Geh. Abm.-Rath ✠4 ✠3	21. 3. 82	Stations-Intendant zu Kiel.
Domeier, Hugo, Geh. Abm.-Rath ✠4 ✠3 O V2b	24. 10. 83	Stations-Intendant zu Wilhh.
Intendantur-Räthe.		
Hildebrand, Franz ✠4	1. 1. 82 16. 3. 86 ern.	Intdtr. zu Wilhh.
Dr. Arenth, Franz, Prem.-Lieut. ✠2 LD2	21. 3. 82	Intdtr. zu Kiel.
Seeber, Hermann, Sek.-Lieut.	24. 10. 83	Verw.-Dir. d. Werft zu Kiel.
Koch, Paul, Sek.-Lieut. LD2	1. 11. 85 24. 11. 85 ern.	Intdtr. zu Kiel.
Noback, Fritz, Sek.-Lieut.	do. do.	Verw.-Dir. d. Werft zu Wilhh.
Meyer, Raimund, Sek.-Lieut.	28. 6. 87	Intdtr. zu Wilhh.
Intendantur-Assessoren.		
Mauve, Karlmann, Kapt.-Lieut. a. D.	9. 4. 86 21. 5. 86 ern.	Intdtr. zu Kiel.
Dr. Albath, Bernhard, Sek.-Lieut.	do. do.	Intdtr. zu Wilhh.
Intendantur-Referendare.		
Junge, Karl, Sek.-Lieut.	13. 5. 85	Intdtr. zu Wilhh.
v. Cölln, Georg, Sek.-Lieut.	2. 6. 86	Intdtr. zu Kiel.
Hoefer, Johannes, Sek.-Lieut.	8. 9. 86	Intdtr. zu Wilhh.
Kabus, Bruno, Sek.-Lieut.	19. 11. 87	Intdtr. zu Kiel.

Abg.: Int.-Rath Dr. Danneel (Allerh. Best. v. 28. 6. 87) z. Abm.- u. Hülfsrath i. b. Abm. ern.; Int.-Referendar Brümmer (15. 10. 87) a. d. Marineb. entl.

Bekleidungsverwaltungs-Beamte.

Charge, Namen, Orden und Ehrenzeichen.	Datum der Bestallung.	Dienst-verhältniß.
Neubauten.		
Rehbing, Friedrich F.W.3	4. 3. 84	Bekl.-Amt zu Kiel.
Arendt, Friedrich	27. 8. 85	Bekl.-Amt zu Wilhh.

Garnisonbau-Beamte.

Garnisonbau-Ober-Ingenieure.		
Bugge, Valentin, Hauptm. ✠2 *LD1*	30. 4. 78	Intdtr. zu Wilhh.
Krafft, Hermann	9. 9. 87	Intdtr. zu Kiel.

Garnison- und Lazarethverwaltungs-Beamte.

Garnisonverwaltungs-Direktor.		
Schach, Anton ✠4w F.W.3	31. 10. 85	Garnis.-Verw. zu Wilhh.
Garnisonverwaltungs-Ober-Inspektor.		
Rhan, Adalbert ✠4 F.W.3	24. 6. 85	Garnis.-Verw. zu Kiel.
Ober-Lazareth-Inspektoren.		
Oheim, Karl ✠4 F.W.3	9. 1. 74	Lazareth zu Kiel.
Reimann, Eduard ✠4	31. 12. 79	do. zu Wilhh.

Werftbeamte.

Charge, Namen, Orden und Ehrenzeichen.	Datum der Bestallung.	Dienst=verhältniß.
a. Ingenieure.		
Direktoren.		
Guyot, Theophile, Wirkl. Adm.=Rath, Schiffsbau=Dir. ✠4 ✠4	10. 2. 70	W. Wilhh.
Zeysing, Theodor, Wirkl. Adm.=Rath, Schiffsbau=Dir. ✠4 ✠4 *BStMV3a*	23. 11. 72. 28. 1. 73.	W. Danzig.
Bauck, Ernst, Adm.=Rath, Maschinenbau=Dir. ✠4	21. 12. 73	W. Wilhh.
Rechtern, Emil, Hafenbau=Dir. ✠3 *OV3a*	5. 12. 76	do.
Franzius, Georg, Hafenbau=Dir. ✠4	31. 5. 78	W. Kiel.
Meyer, Hermann, Maschinenbau=Dir. ✠4 *MGrO4*	24. 10. 83	do.
Schunke, Hugo, Schiffsbau=Dir. ✠4	12. 4. 87	Insp. b. Torpedow.
Gebhardt, Emil, Schiffsbau=Dir. ✠4 *LD2*	do.	W. Kiel.
Müller, Konrad, Hafenbau=Dir. ✠4	2. 11. 86 (Char.)	W. Danzig.
Ober=Ingenieure.		
Schiffsbau.		
Paschen, Wilhelm ✠4	15. 12. 72	W. Wilhh.
Pannecke, Julius	23. 3. 85	W. Kiel.
van Hüllen, Adolf	do.	do.
Bartsch, Karl *MWK4a*	do.	do.
Lindemann, Heinrich	do.	W. Wilhh.
Jaeger, Johannes	29. 1. 86	do.
v. Lindern, Karl	5. 2. 86	W. Danzig.
Rudloff, Johannes, Hauptm. *LD2*	12. 4. 87	W. Kiel.
Hoßfeld, Paul	do.	do.
Maschinenbau.		
Langner, Georg ✠4 *RSt3*	24. 6. 76	W. Kiel., L. z. Insp. b. Torpedow.
Schulze, Heinrich, Hauptm. ✠4 *LD2*	30. 11. 78	W. Wilhh.

Charge, Namen, Orden und Ehrenzeichen.	Datum der Bestallung.	Dienst= verhältniß.
Aßmann, Rudolf	22. 9. 80	W. Danzig.
Mecklenburg, Karl	20. 3. 83	W. Wilhh.
Beck, Leopold	22. 10. 83	W. Kiel.
Hoffert, Max	23. 3. 85	W. Wilhh.
Dübel, Emil	do.	do.
Weispfenning, Hermann	do.	W. Danzig.
Görris, Wilhelm	do.	W. Kiel.
Hafenbau.		
Schirmacher, Alfred *LD2*	11. 8. 71	W. Kiel.
Ingenieure.		
Schiffsbau.		
Schrödter, Roderich	18. 8. 74	W. Kiel.
Rauchfuß, Ernst, Sek.=Lieut. *LD2*	11. 9. 81	do., t. z. Adm.
Wiesinger, Wilhelm	23. 3. 85	W. Danzig.
Rasch, Friedrich	do.	W. Kiel.
Krieger, Eduard, Sek.=Lieut. *LD2*	do.	W. Wilhh.
Janke, Paul	do.	do.
Kretschmer, Otto	do.	W. Kiel, t. z. Adm.
Graeber, Johannes	do.	W. Kiel.
Brinkmann, Georg	do.	W. Wilhh.
Scheibel, Adolf	do.	do.
Giese, Ernst, Sek.=Lieut.	do.	do.
Johow, Hans, Unt.=Lieut. z. S.	28. 5. 86	W. Kiel.
Schwarz, Tjard, Sek.=Lieut.	do.	do., t. z. Adm.
Maschinenbau.		
Bertram, Eduard, Prem.=Lieut. ✠2 *LD2*	30. 11. 78	W. Danzig.
Thomsen, Johannes	22. 10. 79	W. Kiel,
Petzsch, Franz	12. 8. 80	do., t. z. Adm.
Lehmann, Martin	22. 9. 80	W. Kiel.
Busley, Karl ✠4 *SMK1*	20. 3. 83	do.
Veith, Rudolf	22. 10. 83	W. Danzig.

Werftbeamte.

Charge, Namen, Orden und Ehrenzeichen.	Datum der Bestallung.	Dienst-verhältniß.
Nott, Wilhelm	23. 3. 85	W. Wilhh.
Uthemann, Friedrich	do.	W. Kiel.
Strangmeyer, Friedrich	do.	W. Wilhh.
Thämer, Karl	do.	do.
Köhn v. Jaski, Theodor, Prem.=Lieut. LD2	do.	do.,
Eickenrodt, Julius	do.	W. Kiel, k. z. Abm.
Plate, Otto Joh. Diedr.	do.	W. Wilhh.
Schlüter, Friedrich	do.	do.
Ofers, Karl	do.	W. Kiel.
Lechner, Ernst	do.	do.

b. Rendanten.

Heinrich, Gustav, Rechn.=Rath ✠4	27. 12. 74	W. Kiel.
Janisch, Julius, Rechn.=Rath ✠4 F.W.3	26. 1. 67	W. Wilhh.
Fingerhuth, Friedrich ✠4	11. 12. 72	W. Kiel.
Schultz, Gustav F.W.3	16. 3. 79	W. Wilhh.
Häpke, Wilhelm F.W.3	3. 9. 80	W. Danzig.
Rose, Gustav	9. 4. 82	W. Kiel.
Zernecke, Wilhelm, Prem.=Lieut. ✠2 LD2	15. 4. 87	W. Danzig.

Abg.: Maschinenb.=Dir. Hinze (Allerh. Dimiss. v. 27. 9. 87) m. d. gesetzl. Pens. i. d. Ruhest. vers.; Schiffsb.=Jng. Gaede u. Rend., Rechn.=Rath v. Scheidt gest.

Deckoffiziere.

A. Der I. Matrosendivision (exkl. Feuerwerkspersonal), der I. Werftdivision und der Schiffsjungenabtheilung.

Charge, Namen, Orden und Ehrenzeichen.	Diensteintritt.	Gesammte Dienstzeit. J. M.	Seedienstzeit in der innehabenden Charge. J M.	Datum der Ernennung.	Dienstverhältniß.
Ober-Boots- und Ober-Steuerleute.					
Hildebrandt, Arthur ⊙A F.W.1	20. 5. 62	16 8	2 5	10. 12. 79	3. Disp. b. Haf.-Kapts.
Kullack, Johannes ⊙R F.W.1	13. 8. 61	18 3	5 —	4. 1. 80	I. Matrosendiv.
Schalbach, Ludwig ⊙A F.W.1	do.	18 11	3 4	21. 1. 82	do.
Beyer, Friedrich F.W.2	4. 2. 69	11 9	3 —	3. 2. 82	Schiffsjungenabth.
Piper, Friedrich ⊙A F.W.1	23. 11. 56 / 1. 2. 77	19 9	3 5	14. 8. 82	I. Matrosendiv.
Winter, Leo ⊙A F.W.1	20. 5. 62	13 —	1 11	17. 9. 83	do.
Wanderscheck I., Robert ⊙A F.W.1	15. 8. 60	17 10	— 6	30. 11. 84	do.
†Nissel, Karl ⊙A F.W.1	28. 5. 65	17 4	1 2	15. 2. 86	Bayern.
Wandelt, Johann ⊙A F.W.1	1. 4. 64	17 8	1 7	1. 4. 86	do.
Steindorf, Gustav ⊙A F.W.1	1. 4. 65	16 10	— 8	do.	I. Matrosendiv.
Schäfer, Theodor F.W.1	15. 4. 65	17 11	— 11	do.	do.
Wanderscheck II., Hermann F.W.1	1. 4. 65	16 9	1 5	do.	Moltke.
†Tietz, Gustav F.W.1	8. 4. 66	16 2	1 2	do.	I. Matrosendiv.
Kulschitzki, Benjamin F.W.1	14. 4. 65	14 11	— 7	do.	do.
Sohrweide, August F.W.1	15. 4. 65	16 1	1 —	1. 5. 86	Ariadne.
†Thiede, Friedrich F.W.2	1. 10. 72	14 1	— 5	8. 7. 86	I. Matrosendiv.
Hauser, Wilhelm F.W.1	15. 4. 65	18 —	— 9	19. 8. 86	Gneisenau.
†Gerig, Max F.W.1	16. 4. 68	13 1	— 6	10. 4. 87	I. Matrosendiv.
Boots- und Steuerleute.					
Ley, Karl F.W.1	28. 1. 62	14 7	3 9	5. 1. 78	I. Matrosendiv.
†Benkendorff, Wilhelm F.W.1	30. 4. 70	13 7	2 1	1. 9. 84	Hansa.
†Soer, Georg F.W.3	16. 4. 68	15 6	2 9	7. 10. 84	Gneisenau.
Schwark, Gustav ⊙A F.W.1	24. 1. 70	17 9	2 11	14. 11. 84	I. Matrosendiv.
Zietlow, Hermann F.W.1	16. 4. 68	14 7	2 —	10. 4. 85	do.

Anm.: Die mit † bezeichneten Deckoffiziere sind Ober-Steuerleute bezw. Steuerleute.

Deckoffiziere. 85

Charge, Namen, Orden und Ehrenzeichen.	Diensteintritt.	GesammtSeedienstzeit. J. M.	Seedienstzeit in der innehabenden Charge. J. M.	Datum der Ernennung.	Dienstverhältniß.
Ritter, Oskar F.W.1	16. 4. 68	12 1	1 6	15. 2. 86	Carola.
Poerschke, Karl F.W.1	do.	13 6	1 7	1. 4. 86	I. Matrosendiv.
Kasten, Karl F.W.2	17. 4. 72	10 5	1 6	do.	Adler.
Howe, Emil F.W.1	15. 4. 68	13 10	— 6	do.	I. Matrosendiv.
Casten, Georg F.W.1	30. 4. 69	13 8	1 4	do.	Albatroß.
Winkler, Otto F.W.2	do.	12 1	— 10	do.	Olga.
Böttcher, Karl F.W.1	do.	15 1	1 7	do.	I. Matrosendiv.
†Harder, August F.W.3	24. 4. 72	11 7	1 4	1. 5. 86	do.
Link, Wilhelm F.W.1	30. 4. 69	12 —	— 9	10. 4. 87	Hansa.
Christen, Louis F.W.2	1. 5. 69	11 8	— —	do.	Luise.
†Grahl, Emil F.W.2	30. 4. 72	9 10	— 6	do.	Moltke.
†Jeczawitz, Friedrich F.W.3	25. 4. 73	10 2	— 6	17. 3. 87	Eber.
†Sponholz, Paul F.W.2	17. 4. 72	7 11	— 2	10. .7	Möwe.

Ober-Maschinisten.

*Großmann, Adolf ○A F.W.1	1. 3. 64 / 1. 3. 65	15 11	6 10	9. 10. 76	Olga.
Hoffmann I., August F.W.2	27. 4. 71	10 4	6 1	29. 10. 78	Blücher.
Eckert, Heinrich ○A F.W.1	1. 4. 62 / 14. 6. 66 / 16. 2. 67	13 10	4 10	19. 4. 81	I. Werftdiv.
*Opitz, Julius F.W.3	18. 2. 71	12 1	4 3	26. 11. 81	Bayern.
Strothmann, Otto F.W.1	24. 1. 71	13 1	4 7	11. 4. 82	Nautilus.
Remus, Louis F.W.1	10. 8. 70	12 10	4 6	5. 5. 82	I. Torpedoabth.
Lieber, Adolf F.W.1	14. 4. 71 / 12. 2. 74	11 9	3 8	23. 4. 82	I. Werftdiv.
*Hoffmann II., Adolf F.W.3	18. 4. 72 / 9. 2. 75	8 10	2 1	4. 6. 84	Ariadne.
Rindfleisch, Max F.W.1	25. 4. 72	11 5	3 1	21. 9. 84	Hansa.
Weiß, Karl F.W.1	1. 2. 71 / 1. 10. 73	10 —	2 —	5. 11. 84	I. Werftdiv.
*Brand, Otto F.W.1	23. 7. 70 / 1. 10. 73	11 10	2 5	25. 2. 85	Möwe.
Overhoff, Hermann F.W.2	6. 8. 70 / 4. 6. 76	8 10	1 3	15. 4. 85	I. Werftdiv.
*Behrens, Albert F.W.2	25. 2. 73	10 —	1 11	7. 4. 85	do.
*Haase, Friedrich F.W.3	21. 8. 71	10 9	2 3	21. 7. 85	Luise.
*Teuber, Theodor F.W.2	15. 3. 73	9 4	1 2	5. 9. 85	Eber.
*Hempel, Julius F.W.3	1. 2. 73	10 3	1 6	29. 12. 85	Carola.

Anm.: Die mit † bezeichneten Deckoffiziere sind Steuerleute.
Die mit * bezeichneten Ober-Maschinisten haben das Ingenieur-Examen bestanden.

Deckoffiziere.

Charge, Namen, Orden und Ehrenzeichen.	Diensteintritt.	Gesammt-Seedienstzeit. J. M.	Seedienstzeit in der innehabenden Charge. J. M.	Datum der Ernennung.	Dienstverhältniß.
*Breidenbach, Bruno [F.W.]⁴	16. 6. 73	10 —	— 10	3. 4. 86	I. Torpedoabth.
*Zirpel, Oskar [F.W.]²	23. 3. 73	9 7	— 10	do.	do.
Nagel, Karl [F.W.]⁴	1. 2. 73	9 9	1 —	do.	I. Werftdiv.
Michaelis, Adolf [F.W.]²	3. 2. 73	8 4	1 6	do.	Carola.
*Achenwall, Wilhelm [F.W.]²	1. 10. 74	8 8	— 5	1. 10. 86	Bayern.
Schoer, Karl [F.W.]³	6. 4. 73 13. 10. 76	9 3	— 5	25. 5. 87	Blücher.
Krüger, Wilhelm [F.W.]²	17. 4. 74	9 6	— 3	10. 7. 87	Deckoffizierſch.
*Goetze, Johannes [F.W.]²	2. 2. 75	9 2	— —	1. 10. 87	I. Werftdiv.

Maſchinisten.

Hachmann, Karl [F.W.]²	2. 2. 75	8 7	3 10	4. 12. 81	I. Torpedoabth.
Gehrmann, Franz [F.W.]³	do.	9 —	4 4	11. 1. 82	Deckoffizierſch., Jng.-Klaſſe.
v. Kraewel, Karl [F.W.]²	1. 10. 72 1. 10. 75	9 1	4 7	11. 4. 82	do.
Jürgens, Rudolf [F.W.]³	2. 2. 75 23. 7. 78	9 2	4 4	do.	I. Torpedoabth.
Paſche, Karl [F.W.]³	1. 10. 75	8 8	4 5	do.	Albatroß.
Sentzke, Paul [F.W.]²	1. 2. 76	7 5	3 10	23. 4. 82	I. Torpedoabth.
Dienemann, Kurt [F.W.]³	do.	7 10	4 2	26. 4. 82	Olga.
Schamp, Karl [F.W.]²	1. 10. 75	8 11	4 8	6. 7. 82	Adler.
Eling, Paul [F.W.]³	1. 2. 76	8 4	3 6	9. 1. 83	Bayern.
Opitz, Otto ○R [F.W.]³	12. 4. 75 6. 6. 78	7 7	3 9	9. 4. 83	do.
Stehr, Jakob [F.W.]²	5. 4. 76	8 1	3 10	do.	Hanſa.
Klug, Robert [F.W.]³	1. 10. 76	8 3	3 3	1. 10. 83	I. Werftdiv.
Monſer, Eugen [F.W.]³	1. 2. 77	7 1	2 2	7. 10. 84	I. Torpedoabth.
Tag, Karl [F.W.]²	23. 4. 75	8 6	2 5	12. 5. 84	I. Werftdiv.
Ludwig, Hermann [F.W.]³	5. 4. 77	8 —	2 4	31. 1. 85	Bayern.
Mahlkow, Fritz [F.W.]³	1. 10. 77	7 6	2 6	18. 9. 84	do.
Schorſch, Gustav [F.W.]³	do.	7 3	2 6	24. 9. 84	I. Werftdiv.
Heinrich, Wilhelm [F.W.]³	do.	6 8	2 2	21. 11. 84	I. Torpedoabth.
Wiſſelink, Max [F.W.]³	do.	6 8	1 4	15. 4. 85	do.

Anm.: Die mit * bezeichneten Ober-Maſchiniſten haben das Ingenieur-Examen beſtanden.

Deckoffiziere. 87

Charge, Namen, Orden und Ehrenzeichen.	Dienst= eintritt.	Ge= sammt= Dienst= zeit. J. M.	See= dienstzeit in der inne= habenden Charge. J. M.	Datum der Er= nennung.	Dienst= verhältniß.
Schulz, Karl F.W.3	1. 10. 77	6 10	1 6	25. 2. 85	Moltke.
Krause, Karl F.W.3	do.	6 5	1 6	19. 6. 85	I. Werftdiv.
Eltze, Otto F.W.3	1. 2. 78	5 10	1 11	22. 4. 85	Deck= offizierjch.
Worms, Otto F.W.3	1. 10. 77	6 6	1 11	7. 4. 85	Ariadne.
Saberski, Martin F.W.3	14. 2. 79	6 1	1 11	19. 6. 85	I. Torpedo= abth.
Brüning, Johannes F.W.3	1. 2. 78	6 6	2 —	15. 4. 85	Deck= offizierjch.
Homuth, Max F.W.3	do.	6 11	2 6	30. 4. 85	do.
Scholz, Franz F.W.3	do.	6 10	2 4	26. 6. 85	do.
Mannzen, Gustav F.W.3	do.	6 6	2 1	21. 7. 85	do.
Wilke, Eduard F.W.3	1. 10. 78	6 —	1 11	5. 9. 85	do.
Steinmeyer, Karl F.W.3	do.	7 4	1 8	28. 1. 86	do.
Weber, Gottfried F.W.3	1. 2. 79	5 9	— 11	3. 4. 86	I. Torpedo= abth.
Tamm, Heinrich F.W.3	do.	6 1	1 7	15. 2. 86	Deck= offizierjch.
Grau, Bernhard F.W.3	do.	7 1	1 6	3. 4. 86	I. Werftdiv.
Osterwald, Rudolf F.W.3	do.	7 1	1 4	do.	Blücher.
Dahl, Otto F.W.3	2. 2. 79	5 2	— 9	do.	Adler.
Schützler, Adolf F.W.3	1. 2. 79	6 4	1 6	do.	Carola.
Hessemer, Hubert F.W.3	do.	5 7	1 4	1. 7. 86	Gneisenau.
v. Cölln, Richard F.W.3	1. 10. 79	6 5	1 4	do.	Sophie.
Junker, Karl F.W.3	1. 2. 80	6 3	1 2	11. 8. 86	do.
Knauer, Franz F.W.3	do.	5 2	— 9	12. 12. 86	Bayern.
Walter, Paul F.W.3	do.	4 9	— 5	27. 4. 87	Carola.
Bergmann, Paul F.W.3	do.	5 2	— 4	8. 6. 87	Hansa.
Schröter, Richard F.W.3	do.	5 2	— 2	25. 5. 87	Möwe.
Wilt, Friedrich	do.	4 7	— 4	8. 6. 87	Moltke.
Lemke, Franz	1. 10. 80	4 8	— 3	10. 7. 87	Nautilus.
Schoodt, Ernst F.W.3	1. 2. 80	5 1	— —	1. 10. 87	Eber.
Schwarzkopf, Richard F.W.3	do.	5 —	— —	do.	Möwe.

Ober=Feuermeister.

Haffner, Rudolf F.W.2	1. 2. 73	9 11	— 4	28. 5. 87	I. Werftdiv.
Hundt, Amandus F.W.2	2. 2. 75 16. 3. 78	9 4	— 5	15. 4. 87	Bayern.
Wunsch, Jakob F.W.2	22. 4. 72	8 9	— —	1. 11. 87	Bayern.
Bülow, August F.W.2	28. 1. 74	5 6	— —	do.	do.
Reiß, Hermann F.W.2	1. 2. 73	8 5	— —	do.	do.

88 Deckoffiziere.

Charge, Namen, Orden und Ehrenzeichen.	Dienst= eintritt.	Ge- sammt- See- dienst- zeit. J. M.	See- dienstzeit in der inne- habenden Charge. J. M.	Datum der Er- nennung.	Dienst= verhältniß.
Feuermeister.					
Laging, Georg F.W.2	1. 7. 74	5 11	— 5	9. 4. 86	I. Werftdiv.
Schulze, Otto F.W.2	1. 4. 74	8 2	1 5	do.	Bayern.
Köhler, Theodor F.W.2	4. 4. 74	9 11	— 2	9. 7. 86	I. Werftdiv.
Mattschuck, Karl F.W.2	2. 2. 75	8 10	1 —	9. 4. 86	Bayern.
Weiß, Emil F.W.2	do.	9 4	1 1	do.	I. Werftdiv.
Kreutzberger, Wilhelm F.W.3	1. 2. 76	8 4	— 10	do.	Bayern.
Wollert, Friedrich F.W.2	1. 2. 75	9 8	— 5	27. 4. 87	do.
Feyerabend, Otto F.W.2	1. 2. 76	8 1	— —	do.	I. Werftdiv.
Ehlert, Karl F.W.2	2. 2. 77	8 —	— 4	do.	do.
Corwes, Karl F.W.3	1. 2. 77	7 2	— 2	do.	do.
Saße, Richard F.W.3	2. 2. 77	6 10	— 2	do.	do.
Pließ, Friedrich F.W.3	1. 10. 76	6 5	— —	do.	do.
Fischer, Johannes F.W.3	2. 2. 77	6 —	— —	do.	do.
Papp, August F.W.2	17. 2. 74	7 6	— 2	25. 5. 87	do.
Loeber, Wilhelm F.W.3	1. 2. 77	6 —	— —	27. 4. 87	do.
Klette, Adolf F.W.3	2. 2. 77	7 8	— —	19. 6. 87	do.
Schreiber, Ernst F.W.3	1. 2. 77	8 5	— —	do.	do.
Laucht, Karl F.W.3	9. 11. 76	7 —	— —	do.	do.
Riebe, Friedrich F.W.3	2. 2. 78	6 10	— —	do.	do.
Ober=Meister.					
Kresin, Julius ○A F.W.1	15. 4. 53	15 10	6 9	21. 1. 73	Hansa.
Engler, Ignaz ○A F.W.1	23. 4. 62	14 9	3 11	3. 4. 80	Bayern.
du Bois, Albert ○A F.W.1	1. 9. 63	14 5	3 5	5. 2. 81	do.
Kraffel, Karl F.W.1	10. 2. 68	14 1	3 5	28. 10. 81	I. Werftdiv.
Wiebe, August F.W.1	1. 2. 68	13 11	1 7	3. 4. 86	Moltke.
Schoenke, Gustav F.W.2	5. 8. 74	9 2	— —	1. 11. 87	Luise.
Meister.					
Erasmus, Hermann F.W.2	1. 2. 75	8 9	5 7	11. 4. 80	Gneisenau.
Stoll, Karl F.W.2	do.	9 6	5 3	5. 2. 81	Olga.
Gartke, Julius F.W.3	2. 2. 75	7 11	4 8	1. 6. 81	Bayern.
Berger, Julius F.W.3	1. 2. 75	9 3	3 6	1. 12. 83	do.
Rankenburg, Wilhelm F.W.3	1. 4. 76	7 4	2 5	28. 11. 84	I. Werftdiv.
Schulz I., Heinrich F.W.2	2. 2. 75	9 2	1 —	9. 9. 86	do.
Schiemann, Heinrich F.W.3	1. 2. 77	7 9	1 7	4. 4. 86	Sophie.
Schulz II., Johann F.W.2	1. 2. 75	9 6	— —	1. 11. 87	Carola.
Ober=Materialien= verwalter.					
Kirchhoff, Karl ○A F.W.1	15. 10. 62	14 8	7 6	15. 5. 75	I. Werftdiv.
Meinke, Albert ○A F.W.1	5. 10. 61	14 1	6 7	31. 5. 75	Abwickelungs= bür. zu Kiel.

Deckoffiziere.

Charge, Namen, Orden und Ehrenzeichen.	Diensteintritt.	Gesammt-Deedienstzeit. M.	Seedienstzeit in der innehabenden Charge. J. M.	Datum der Ernennung.	Dienstverhältniß.
Leßle, Albert ○A F.W.1	15. 10. 64	9 9	1 3	19. 5. 83	Moltke.
Schulz, Bernhard ○A F.W.1	31. 5. 62	18 1	1 3	1. 4. 85	Bayern.
Riechardt, Wilhelm F.W.1	8. 4. 66	13 6	— 8	1. 4. 86	I. Werftdiv.
Weiſt, August F.W.2	30. 4. …	… …	… …	… 87	Gneisenau.
Materialienverwalter.					
Lenz, Klaus F.W.2	30. 4. 70	12 3	3 11	22. 5. 82	Blücher.
Danigel, Oskar F.W.2	15. 4. 67	11 7	4 1	5. 4. 83	Olga.
Gallas, Karl F.W.2	22. 4. 72	9 9	1 1	1. 4. 85	Marineakad. u. -Schule.
Kretzer, Gustav F.W.3	25. 4. 73	9 10	1 6	1. 10. 85	Carola.
Berndt, Hermann F.W.3	7. 4. 76	8 4	1 8	7. 12. 85	Hansa.
Wendt, Fritz F.W.2	1. 1. 74	8 9	1 7	3. 4. 86	Bayern.
Korrmann, Gustav F.W.3	6. 4. 77	6 9	1 2	9. 9. 86	do.
Michaelis, Gustav F.W.3	do.	7 2	— 10	31. 10. 86	do.
Wolff, Gustav F.W.3	do.	6 1	— 8	25. 2. 87	I. Werftdiv.
Frühforger, Karl F.W.3	do.	6 9	— 1	1. 9. 87	do.

Abg.: Steuerm. Schnorkowsky (4. 11. 87) b. Abſch. m. b. beb. Civilanſtellungsber. bew.; Ob.-Maſch. Buchenheim (28. 8. 87), Maſch. Elsner (24. 8. 87) u. Materialienverw. Fiſcher (3. 7. 87) m. Penſ. verabſch.; Ob.-Maſch. Gottſchalk (A. K.-O. v. 28. 6. 87) z. Maſch.-Unt.-Ing. bef.; Steuerm. Remus, Ob.-Maſch. Schramm, Maſch. Buls u. Ob.-Meiſter Leibner geſt.

B. Der II. Matrosendivision (exkl. Feuerwerkspersonal) und der II. Werftdivision.

Ober-Boots- und Ober-Steuerleute.					
Knothe, Ernſt ○A ○R F.W.1	14. 4. 65	15 —	4 5	10. 5. 80	II. Matroſendiv.
Frauenknecht, Robert ○A F.W.1	1. 6. 65	15 5	2 3	12. 10. 80	do.
Ulrich, Johann F.W.1	17. 2. 67	12 11	2 11	24. 12. 81	Stein.
Harthun, Gustav ○A F.W.1	1. 4. 64	14 —	1 11	do.	II. Matroſendiv.
Dobratz, Friedrich ○A F.W.1	24. 4. 65	15 11	3 8	do.	Prinz Adalbert.
Wilk, Ferdinand F.W.2	30. 10. 71	13 2	2 10	28. 6. 82	II. Matroſendiv.

90 Deckoffiziere.

Charge, Namen, Orden und Ehrenzeichen	Diensteintritt.	Gesammt-Seedienstzeit. J. M.	Seedienstzeit in der innehabenden Charge. J. M.	Datum der Ernennung.	Dienstverhältniß.
† Schulz, Albert ○R F.W.1	3. 5. 66	15 3	2 6	15. 1. 85	Büreau d. Vermess.-Dirig.
Groß, Johann F.W.1	1. 4. 65	14 4	1 1	1. 8. 85	II. Matrosen-div.
† Rieck, Paul F.W.2	15. 4. 68	14 4	1 3	do.	do.
† Tollert, Karl F.W.1	do.	13 8	— 5	1. 4. 86	do.
Fiting, Georg ○R F.W.1	do.	15 2	1 4	do.	Bismarck.
Bohm, Hermann F.W.1	2. 4. 65	18 3	1 4	15. 5. 86	II. Matrosen-div.
Richnow, Reinhold F.W.1	8. 4. 66	15 2	— 5	1. 4. 86	do.
Goerth, Karl ○A F.W.2	30. 4. 70	12 —	— 7	19. 11. 86	Mars.
Jaehde, Karl F.W.1	15. 4. 68	13 10	— 3	13. 4. 87	II. Matrosen-div.
† Gerstenberger, Theodor F.W.2	30. 4. 70	11 4	— 3	1. 8. 87	Stein.

Boots- und Steuerleute.

† Bootsmann, Albert F.W.2	2. 2. 75	12 3	3 10	19. 9. 82	Bismarck.
† Neue, Wilhelm F.W.2	25. 4. 73	11 2	3 3	18. 11. 83	II. Matrosen-div.
† Greifer, Wilhelm F.W.2	do.	9 —	1 3	7. 8. 85	Loreley.
† Krumbholz, Franz F.W.3	15. 4. 73	10 8	2 6	11. 4. 85	II. Matrosen-div.
† Bock, Bruno F.W.2	25. 4. 73	10 5	2 5	do.	do.
Flugmacher, Emil F.W.3	5. 8. 72	9 3	1 9	1. 8. 85	do.
Engel, Johannes F.W.2	1. 2. 73	10 5	1 6	do.	do.
† Zierep, Karl F.W.3	25. 4. 73	8 10	1 5	29. 11. 85	Nixe.
† Krause, August F.W.3	23. 4. 74	9 8	1 5	1. 4. 86	II. Matrosen-div.
† Kohn, Karl F.W.3	1. 2. 76	7 7	1 3	13. 4. 86	do.
† Hoppe, Adolf F.W.3	7. 4. 75	10 2	1 7	do.	Prinz Adalbert.
† Bartsch, Otto F.W.3	13. 3. 79	6 3	1 7	1. 4. 86	Wolf.
Herres, Michael F.W.3	22. 4. 72	11 9	1 5	24. 4. 86	II. Matrosen-div.
Kelterborn, Adolf F.W.3	do.	11 6	— 1	20. 11. 86	do.
† Krueger, Friedrich	2. 2. 79	5 4	— 7	do.	Iltis.
† Heitmann, Wilhelm F.W.3	1. 5. 76	7 11	— 5	13. 4. 87	Habicht.
† Ahrens, Robert F.W.3	7. 4. 76	8 8	— 5	25. 5. 87	Cyclop.
Eichel, Friedrich F.W.3	30. 4. 70	9 4	— 1	1. 8. 87	Nixe.
Lange, Karl F.W.3	22. 4. 72	10 4	— —	3. 9. 87	II. Matrosen-div.

Anm.: Die mit † bezeichneten Deckoffiziere sind Ober-Steuerleute bezw. Steuerleute.

Deckoffiziere.

Charge, Namen, Orden und Ehrenzeichen.	Diensteintritt.	Gesammt-Seedienstzeit. J. M.	Seedienstzeit in der innehabenden Charge. J. M.	Datum der Ernennung.	Dienstverhältniß.
Ober-Maschinisten.					
Husemeier, Otto ○A F.W.1	3. 5. 64	12 9	7 5	1. 2. 75	Mars.
Kroll, Jean F.W.1	1. 2. 69	12 3	4 —	7. 11. 79	Reservediv. (f. Viper).
*Hempel, Karl F.W.2	3. 8. 70 26.10.71	10 1	3 2	25. 4. 80	Loreley.
Nitze, Hermann F.W.1	1. 10. 63 1. 8. 70 26.10.74	17 2	3 2	16. 5. 81	Reservediv. (f. Salamander).
Wilke, Theodor F.W.2	1. 4. 71 1. 7. 74	9 11	2 10	1. 9. 81	Mücke.
*Runge, Friedrich F.W.2	1. 4. 72	9 9	3 3	30. 4. 82	Nixe.
*Niedt, Georg F.W.2	2. 2. 73	8 3	2 5	1. 4. 83	Luise.
*Zimmermann, Heinrich F.W.2	1. 2. 73	11 5	3 7	2. 8. 82	II. Torpedoabth.
*Stiegel, Hermann F.W.2	31. 1. 73	8 10	2 9	30. 4. 82	II. Werftdiv.
Meentzen, Heinrich F.W.2	2. 2. 73	8 1	1 11	31. 8. 83	Geestemünde.
*Wessel, Heinrich F.W.2	6. 3. 73	8 3	2 5	1. 4. 84	Iltis.
*Schlafinski, Richard F.W.2	1. 4. 73	8 4	2 8	14. 5. 84	II. Werftdiv.
*Flatters, Engelbert F.W.2	1. 2. 73	8 8	2 2	6. 8. 84	do.
Lüdemann, Johann F.W.2	18. 4. 72	9 9	1 11	11. 5. 85	Prinz Adalbert.
*Küchler, Alois F.W.2	11. 7. 73	8 7	1 2	14. 9. 85	II. Werftdiv.
*Gansch, Friedrich F.W.2	1. 4. 74	10 4	— 10	14. 4. 86	do.
Möllhoff, Karl F.W.2	1. 4. 74	7 1	1 1	1. 4. 86	Habicht.
Pannach, Robert F.W.2	3. 12. 73 10. 1. 74	9 2	1 4	do.	Deckoffiziersch., Ing.-Klasse.
*Ehricht, Albert F.W.2	1. 2. 74	8 6	— 11	do.	II. Torpedoabth.
v. Felgenhauer, Heinrich F.W.2	do.	8 9	1 2	do.	Prinz Adalbert.
Hill, Heinrich F.W.2	3. 2. 74	9 1	— 7	10. 4. 87	Wolf.
Mischke, Heinrich F.W.2	11. 7. 74	8 2	— —	6. 8. 87	Deckoffiziersch., Ing.-Klasse.
Schütt, Martin F.W.2	9. 9. 74	9 4	— 1	22. 9. 87	Reservediv. (f. Camäleon).
Maschinisten.					
Katzung, Gustav F.W.2	1. 2. 73	8 4	4 8	18. 4. 80	II. Torpedoabth.
Jacobsen, Friedrich F.W.3	1. 2. 75	7 8	5 7	18. 2. 79	Nixe.

Anm.: Die mit * bezeichneten Ober-Maschinisten haben das Ingenieur-Examen bestanden.

Charge, Namen, Orden und Ehrenzeichen.	Dienst-eintritt.	Ge-sammt-Seedienst-zeit. J. M.	Seedienstzeit in der innehabenden Charge. J. M.	Datum der Ernennung.	Dienst-verhältniß.
Graefe, Paul F.W.2	2. 2. 75	7 10	4 3	27. 4. 81	II. Werftdiv.
Breitenstein, Friedrich F.W.3	do.	7 5	3 10	1. 5. 81	Bismarck.
Prenzloff, Friedrich F.W.3	9. 3. 75	8 7	4 7	22. 10. 80	II. Werftdiv.
Schulz, Rudolf F.W.3	10. 3. 75	9 —	4 10	18. 7. 81	do.
Leipold, Paul ⊙A F.W.2	1. 10. 74	8 2	4 5	22. 9. 80	II. Werftdiv.
Oldehus, Friedrich F.W.3	20. 2. 75	7 10	4 3	13. 9. 80	Luise.
Springer, Hermann F.W.2	5. 2. 75	7 3	3 9	22. 12. 81	II. Torpedo-abth.
Höhne, Karl F.W.2	1. 10. 76	7 2	3 8	14. 5. 82	Stein.
Hoffmann, Ludwig F.W.2	1. 3. 75	7 6	4 —	27. 10. 80	Cyclop.
Slauck, Arthur F.W.2	4. 3. 76	7 3	3 9	10. 11. 81	II. Werftdiv.
Dolega, Max F.W.2	18. 8. 70 7. 2. 76	7 3	3 9	1. 2. 82	II. Torpedo-abth.
Eiermann, Franz F.W.2	10. 3. 76	7 6	3 9	14. 5. 82	Mars.
Horn, August F.W.2	6. 6. 73 1. 10. 78	6 7	2 8	18. 5. 81	II. Torpedo-abth.
Heuser, Heinrich F.W.2	26. 1. 74	8 10	4 —	27. 4. 82	Iltis.
Vogel, Friedrich F.W.2	1. 10. 75	8 1	4 6	30. 4. 82	Prinz Adalbert.
Morgenstern, Eduard F.W.2	1. 2. 76	7 —	3 5	12. 5. 83	Deck-offizierſch.
Trümper, Heinrich F.W.3	2. 2. 76	6 6	3 —	13. 10. 83	II. Werftdiv.
Büsing, Wilhelm F.W.2	1. 2. 76	5 4	1 2	16. 12. 83	Habicht.
Pfeiffer, Paul F.W.3	1. 4. 77	6 8	3 —	1. 3. 84	II. Werftdiv.
Herrmann, Oskar F.W.3	23. 4. 74	6 11	1 —	10. 4. 84	Loreley.
Medenwald, Louis F.W.3	1. 10. 76 8. 3. 78	7 5	2 2	11. 5. 84	Luise.
Holland, Adalbert F.W.3	5. 2. 75	6 11	2 2	14. 5. 84	II. Torpedo-abth.
Boesecke, Franz F.W.3	2. 2. 76 10. 3. 79	7 6	2 9	do.	II. Werftdiv.
Mundt, Rudolf F.W.3	5. 2. 77	7 5	3 1	16. 8. 84	Bismarck.
Thiele, Johannes F.W.3	1. 2. 77	6 —	2 —	18. 4. 85	Deck-offizierſch.
Wiegmann, Paul F.W.2	do.	6 11	1 5	11. 5. 85	II. Werftdiv.
John, Georg F.W.3	3. 12. 73 1. 2. 77	6 5	1 7	18. 4. 85	Stein.
Möhmking, August F.W.3	1. 10. 77	6 4	2 5	do.	Deck-offizierſch.
Matthies, Friedrich F.W.3	1. 4. 74 1. 10. 78	6 3	1 6	3. 7. 85	II. Werftdiv.
Fröhlich, Julius F.W.3	29. 10. 77	6 —	1 5	14. 9. 85	Deck-offizierſch.
Bode, Alfred F.W.3	1. 2. 78	5 4	1 4	10. 8. 85	do.
Klimpt, Otto F.W.3	do.	4 10	1 3	11. 5. 85	do.

Deckoffiziere.

Charge, Namen, Orden und Ehrenzeichen.	Diensteintritt.	GesammtSeedienstzeit. J. M.	Seedienstzeit in der innehabenden Charge. J. M.	Datum der Ernennung.	Dienstverhältniß.
Nasser, Theodor F.W.3	2. 10. 78	5 8	1 3	5. 11. 85	Deckoffizierschule.
Otto I., Louis F.W.3	1. 10. 78	6 —	1 7	22. 12. 85	II. Werftdiv.
Rogge, Albert F.W.3	do.	5 3	1 2	1. 6. 86	do.
Schmacht, Ferdinand F.W.3	31. 9. 76 4. 8. 80	6 1	1 4	1. 4. 86	Bismarck.
Steinrücke, Heinrich F.W.3	1. 10. 79	5 4	1 5	do.	II. Werftdiv.
Strecker, August F.W.3	1. 10. 77 3. 2. 79	5 3	— 11	31. 7. 86	Torpedodep. zu Friedrichsort.
Kirsch, Kuno F.W.3	1. 2. 79	5 4	— 10	14. 4. 86	Geestemünde.
Pintier, Eduard F.W.3	do.	5 10	— 7	10. 4. 87	Luise.
Usinger, Christian F.W.3	do.	5 3	— 2	1. 5. 87	Mücke.
Bantleon, Ernst F.W.3	2. 2. 79	5 5	— 7	10. 4. 87	II. Werftdiv.
Otto II., August F.W.3	1. 2. 79	5 4	— 6	1. 5. 87	Luise.
Tille, Karl F.W.3	1. 10. 79	5 3	— 6	do.	Bismarck.
Kümmel, Heinrich F.W.3	1. 2. 78	5 7	— 2	30. 7. 87	II. Werftdiv.
Klapper, Max F.W.3	do.	5 5	— 3	1. 8. 87	Wolf.
Gibhard, Oskar F.W.3	1. 2. 79	5 —	— 1	9. 9. 87	II. Torpedoabth.

Ober-Feuermeister.

Pautz, Eduard F.W.2	20. 2. 75	6 6	— 7	11. 4. 87	II. Werftdiv.
Grabosch, Rudolf F.W.2	1. 2. 74 15. 11. 76	5 1	— 7	do.	do.

Feuermeister.

Jansen, Ambrosius ○A F.W.3	4. 7. 76	5 4	— 8	13. 4. 86	Prinz Adalbert.
Stenzel, Siegfried F.W.2	1. 2. 76	9 —	1 4	do.	II. Werftdiv.
Kraul, Wilhelm F.W.3	1. 2. 75 11. 7. 78	5 9	— 10	do.	do.
Guntermann, Josef F.W.3	2. 2. 77 31. 10. 79	5 2	— 7	25. 4. 86	Prinz Adalbert.
Thielemann, Karl F.W.2	2. 2. 75	8 7	1 1	16. 6. 86	II. Werftdiv.
Rönnecke, Karl F.W.2	2. 2. 76	8 5	— 7	13. 1. 87	Prinz Adalbert.
Rosentreter, Johannes F.W.2	7. 10. 76 17. 2. 77	8 2	— 9	do.	II. Werftdiv.

7*

94 Deckoffiziere.

Charge, Namen, Orden und Ehrenzeichen.	Dienst= eintritt.	Ge= sammt= Seedienst- zeit. J. M.	Seedienstzeit in der innehabenden Charge. J. M.	Datum der Er- nennung.	Dienst= verhältniß.
Pietsch, Franz [F.W.]3	2. 2. 77 22. 10. 79	6 5	— —	11. 4. 87	II. Werftdiv.
Peters, Wilhelm [F.W.]2	1. 2. 77 14. 3. 80	8 7	— 6	do.	do.
Völker, Arthur [F.W.]3	2. 2. 78	7 —	— 1	26. 6. 87	do.
Ober=Meister.					
Schubert, Hermann ○A [F.W.]1	30. 9. 62	12 5	7 5	12. 9. 74	Mars.
Gnaß, Albert ○A [F.W.]1	1. 10. 62 1. 6. 66 1. 11. 68	13 6	3 6	17. 11. 81	II. Werftdiv.
Bäcker, Emil [F.W.]1	1. 10. 66	12 8	1 5	26. 3. 82	do.
Lühder, Adolf ○A [F.W.]1	15. 10. 65 5. 7. 68	14 —	2 7	do.	do.
Ballach, Julius [F.W.]2	1. 2. 70 12. 6. 74	8 4	1 7	1. 4. 86	Prinz Adalbert.
Hinz, Karl [F.W.]2	2. 2. 70 12. 6. 76	7 8	— 4	20. 6. 87	Stein.
Meister.					
Buhr, Eduard [F.W.]2	29. 1. 74	8 10	5 3	30. 10. 78	Bismarck.
Brüning, Heinrich [F.W.]2	2. 2. 76	6 —	2 7	15. 4. 81	II. Werftdiv.
Heeren, Georg [F.W.]2	12. 2. 75	6 7	2 7	4. 7. 81	do.
Sellhorn, Karl [F.W.]3	2. 3. 76 28. 11. 78	5 11	2 5	26. 11. 81	do.
Orbig, Emil [F.W.]3	22. 4. 73 11. 2. 79	6 3	3 2	26. 3. 82	do.
Ropers, Jakob [F.W.]3	12. 11. 75	7 2	1 9	23. 5. 84	Nixe.
Schamp, Eugen [F.W.]2	2. 7. 75 1. 6. 78	6 6	— 10	29. 3. 86	II. Werftdiv.
Rottkewitz, Robert [F.W.]3	4. 4. 77	6 5	— 5	1. 4. 86	do.
Anders, Rudolf [F.W.]3	12. 2. 77 10. 11. 79	6 5	— 7	do.	do.
Müller, Gottwerth [F.W.]3	13. 2. 76 3. 8. 80	4 6	— —	20. 6. 87	do.
Ober=Materialien= verwalter.					
Kleistendorf, August ○A [F.W.]1	25. 5. 62	14 11	5 9	12. 7. 78	Prinz Adalbert.
Zosky, Heinrich [F.W.]1	14. 9. 66	9 9	5 1	7. 7. 79	II. Werftdiv.
Vogt, Alfred [F.W.]1	8. 4. 66	13 1	2 6	31. 7. 81	Bismarck.

Deckoffiziere.

Charge, Namen, Orden und Ehrenzeichen.	Dienst= eintritt.	Ge= sammt= Seedienst= zeit. J. M.	Seedienstzeit in der innehabenden Charge. J. M.	Datum der Ernennung.	Dienst= verhältniß.
Sziemientkowski, Theodor ○A [F.W.]1	1. 4. 64	16 9	3 5	25. 4. 82	II. Werftdiv.
Niemann, Albert [F.W.]1	15. 4. 65	15 10	— 5	1. 2. 85	do.
Küster, Bernhard [F.W.]1	15. 4. 68	12 10	— 6	1. 4. 86	do.
Materialienverwalter.					
Kahnert, Albert [F.W.]1	1. 4. 65	16 4	2 10	8. 2. 81	II. Werftdiv.
Jaursch, Ernst [F.W.]1	15. 4. 68	11 9	3 1	19. 9. 81	do.
Scheibel, August [F.W.]1	do.	14 —	1 5	7. 4. 82	do.
Haseloff, Emil [F.W.]2	25. 4. 73	7 11	3 6	27. 5. 81	Nixe.
Fechter, Heinrich [F.W.]3	17. 4. 75	8 —	2 4	19. 12. 83	II. Werftdiv.
Seifert, Emil [F.W.]2	1. 10. 74	8 3	— 8	1. 2. 85	Mars.
Thörmer, Karl [F.W.]3	7. 4. 76	8 8	— 5	1. 12. 85	Stein.
Marx, Reinhold [F.W.]3	1. 7. 76	4 10	— —	1. 4. 86	II. Werftdiv.
Blauert, Friedrich [F.W.]3	1. 11. 74	6 —	— 5	do.	do.
Schultchen, Hugo [F.W.]3	6. 4. 76	6 7	— —	17. 5. 86	do.

Abg.: Ob.-Bootsm. Notze (28. 5. 87) b. Absch. m. Pens., Unif. u. b. beb. Civilanstellungsber., Bootsm. Gerbes (14. 6. 87) b. Absch. m. Pens., Ob.-Masch. Fritsch (29. 3. 87), Masch. Raabe (10. 7. 87) u. Ob.-Meister Wetzel (17. 6. 87) b. Absch. m. d. beb. Civilanstellungsber. — bew.; Ob.-Masch. Köbisch (A. K.-O. v. 16. 8. 87) z. Masch.-Unt.-Ing. bef.; Ob.-Masch. Klehm gest.

C. Feuerwerkspersonal.
a. bei der Marinestation der Ostsee.

Ober=Feuerwerker.					
Groß, Franz ○A [F.W.]1	15. 3. 58	15 9	6 —	21. 6. 75	I. Matrosendiv.
*Arendt, Richard ○A [F.W.]1	1. 5. 63	10 6	— —	8. 2. 82	Artilleriedep. zu Friedrichsort.
Hoffmann, Paul [F.W.]2	29. 5. 67	8 3	1 2	19. 5. 85	I. Matrosendiv.
Warlich, Karl [F.W.]1	9. 6. 64	11 6	1 5	17. 4. 85	do.
*Parpert, Karl [F.W.]1	15. 4. 65	11 8	— —	1. 4. 86	Artilleriedep. zu Friedrichsort.
v. Schramm, Max ⚔2 [F.W.]1	1. 4. 69	7 9	— —	1. 9. 86	do.
Müller, Karl [F.W.]1	14. 9. 66	10 7	— —	1. 4. 87	Werft zu Kiel.
Mahlke, Leo [F.W.]1	13. 4. 67	10 5	— —	do.	Artilleriedep. zu Friedrichsort.
Weise, Ernst [F.W.]1	5. 9. 66	12 4	— 5	do.	I. Matrosendiv.

Anm.: Die mit * bezeichneten Ober-Feuerwerker haben das Examen zum Feuerwerks-Lieutenant bestanden

Charge, Namen, Orden und Ehrenzeichen.	Dienst-eintritt.	Gesammt-Seedienst-zeit. J. M.	Seedienstzeit in der innehabenden Charge. J. M.	Datum der Ernennung.	Dienst-verhältniß.
Neumann, Adolf F.W.2	1. 7. 67	10 5	— —	1. 4. 87	Werft zu Kiel.
Schulze, Karl F.W.1	26. 5. 67	11 11	— 7	do.	Mars.
Schneppat, August F.W.3	1. 10. 72	— 5	— —	do.	Artilleriedep. zu Friedrichsort.
Stüwe, Wilhelm F.W.2	30. 4. 70	6 7	— —	18. 8. 87	do.
Feuerwerker.					
Haase, Theodor F.W.2	1. 4. 71	7 8	2 6	2. 12. 81	Artilleriedep. zu Friedrichsort.
Wubtke, Robert F.W.2	30. 4. 69	9 1	— 8	21. 1. 82	do.
Timm, Ernst F.W.3	do.	13 2	3 9	8. 7. 82	Carola.
Herrguth, Bernhard F.W.2	17. 4. 72	8 11	1 2	24. 8. 82	Artilleriedep. zu Friedrichsort.
Birkenbusch, Max F.W.1	30. 4. 69	14 2	3 9	1. 12. 82	Werft zu Kiel.
Teichmann, Leopold F.W.2	do.	11 2	2 7	2. 7. 83	do.
Glahn, Georg F.W.2	13. 3. 73	9 4	3 —	26. 5. 84	Bayern.
Wernhardt, Emil F.W.3	25. 4. 73	9 11	2 —	12. 8. 84	Werft zu Kiel.
Frank, Eduard F.W.2	do.	9 —	1 6	17. 4. 85	I. Matrosendiv.
Tesmer, Magnus F.W.2	1. 5. 74	9 3	2 —	19. 4. 85	do.
Weiß, Adolf F.W.2	2. 2. 75	7 7	1 4	1. 5. 85	Gneisenau.
Neugebauer, Karl F.W.3	30. 9. 74	8 4	1 1	20. 8. 85	Werft zu Kiel.
Schön, Georg F.W.3	1. 12. 75	7 4	1 5	31. 5. 86	Hansa.
Lübemann, Georg ○ F.W.2	1. 2. 75	9 8	1 2	1. 4. 86	Moltke.
Fischer, Ferdinand F.W.3	8. 2. 77	5 7	1 3	1. 9. 86	Sophie.
Leichnitz, Max F.W.3	21. 5. 74	9 1	— 7	1. 4. 87	Luise.
zum Buttel, Georg F.W.3	23. 4. 74	10 —	— 4	17. 6. 87	Olga.

Abg.: Ob.-Feuerw. Raasch, Röttcher (A. K.-O. v. 12. 4. 87) u. Palm (A. K.-O. v. 16. 8. 87) z. Feuerw.-Lieuts. bef.; Feuerw. Grabert (28. 10. 87) m. Pens. verabsch.

b. bei der Marinestation der Nordsee.

Ober-Feuerwerker.					
*Allzeit, Bernhard ○A F.W.1	14. 3. 63	5 2	— 5	27. 5. 78	Artilleriedep. zu Geestemünde.
Stachow, Theodor ○A F.W.1	15. 3. 58	11 8	1 9	1. 6. 78	Ob.-Feuerw.-Schule, Lehrer.

Anm. Der mit * bezeichnete Ober-Feuerwerker hat das Examen zum Feuerwerks-Lieutenant bestanden.

Deckoffiziere.

Charge, Namen, Orden und Ehrenzeichen.	Dienst= eintritt.	Ge= sammt= See= dienst= zeit. J. M.	See= dienstzeit in der inne= habenden Charge. J. M.	Datum der Er= nennung.	Dienst= verhältniß.
Bergmann, Johannes ○A F.W.1	1. 4. 63	12 2	— 5	1. 9. 78	II. Matrosen= div.
*Landgraf, Ludwig ○A F.W.1	17. 4. 61	10 5	— —	1. 3. 79	Werft zu Wilhh.
Wippich, Karl ○A F.W.1	9. 5. 59	12 4	— —	21. 5. 80	Artilleriedep. zu Wilhh.
Reinhardt, Friedrich ○A F.W.1	1. 4. 63	15 1	4 4	31. 3. 81	Mars.
*Scheffler, Paul F.W.2	1. 10. 72	3 5	— —	1. 4. 87	Artilleriedep. zu Wilhh.
Paris, Richard F.W.1	1. 5. 68	8 7	— —	do.	do.
Weber, Adolf F.W.2	15. 4. 68	10 5	— 6	do.	Artilleriedep. zu Geestemünde.
Behm, Max F.W.2	18. 9. 70	4 6	— —	do.	do.
Bornowski, Johann F.W.2	15. 4. 68	11 10	— —	do.	Artilleriedep. zu Wilhh.
Werner, Richard F.W.1	do.	10 4	— —	do.	Werft zu Wilhh.
Rahn, Gustav F.W.2	30. 4. 70	7 7	— —	22. 6. 87	Insp. d. Marineart.
Feuerwerker.					
Artl, Edwin F.W.2	31. 7. 73	5 10	1 7	14. 4. 80	Werft zu Wilhh.
Grahl, August F.W.1	16. 4. 68	11 9	2 10	9. 9. 80	do.
Gabriel, Felix F.W.2	30. 4. 70	7 8	1 10	17. 12. 80	Artilleriedep. zu Geestemünde.
Rudolphi, Paul F.W.3	22. 4. 72	7 9	2 4	4. 11. 81	Prinz Adalbert.
Havemann, Adolf F.W.1	25. 3. 68	14 —	2 10	28. 6. 82	Artilleriedep. zu Wilhh.
Karst, Paul F.W.3	23. 4. 74	8 11	2 8	10. 9. 84	Bismarck.
Tomaschewski, Emil F.W.3	do.	8 4	1 11	22. 8. 84	Artilleriedep. zu Wilhh.
Schramm, Karl F.W.3	30. 9. 74	6 1	— —	1. 5. 85	Werft zu Wilhh.
Baske, Alfred F.W.3	1. 10. 76	5 9	1 5	11. 12. 84	Artilleriedep. zu Wilhh.
Schrobt, Otto F.W.3	2. 2. 77	4 1	— 6	8. 1. 85	Stein.
Krüger, Albert F.W.3	7. 4. 75	6 5	1 9	12. 4. 85	Artilleriedep. zu Wilhh.
Röhrnberg, Peter F.W.3	2. 3. 77	4 10	— 7	27. 9. 85	do.
Kurth, Karl F.W.3	5. 11. 77	— 6	— 6	7. 4. 86	Mars.

Anm.: Die mit * bezeichneten Ober-Feuerwerker haben das Examen zum Feuerwerks-Lieutenant bestanden.

98 Deckoffiziere.

Charge, Namen, Orden und Ehrenzeichen.	Diensteintritt.	Gesammt-Seedienstzeit. J. M.	Seedienstzeit in der innehabenden Charge. J. M.	Datum der Ernennung.	Dienstverhältniß.
Riesenberg, Friedrich F.W.3	7. 4. 75	7 5	— 7	7. 6. 86	II. Matrosendiv.
Jocke, Paul F.W.3	23. 4. 74	9 —	— —	16. 3. 87	Artilleriedep. zu Geestemünde.
Ulrich, Paul F.W.3	do.	8 —	— 7	1. 4. 87	II. Matrosendiv.
Gebhardt, Anton F.W.3	1. 7. 76	6 11	— 7	do.	Ariadne.
Pöppel, Max F.W.3	21. 4. 74	10 1	— 7	do.	Artilleriedep. zu Wilhh.
Lehmann, Gustav F.W.3	1. 10. 77	8 1	— 7	do.	Nixe.
Schoel, Max F.W.3	15. 4. 74	8 3	— —	17. 6. 87	Artilleriedep. zu Wilhh.
Fabel, Otto F.W.2	29. 4. 75	8 10	— —	do.	do.

Abg.: Ob.-Feuerw. Worrmann (A. K.-O. v. 12. 4. 87) u. Hanff (A. K.-O. v. 8. 11. 87) z. Feuerw.-Lieuts. bef.; Ob.-Feuerw. Adami (6. 5. 87) m. Pens. verabsch.

D. Des Torpedowesens.

Ober-Torpeder.	Stationsort.				
Neumann, Wilhelm F.W.3	N	15. 4. 65	10 7	— —	4. 9. 84	Minendep. zu Wilhh.
Egidi, Karl F.W.2	O	15. 4. 68	8 3	— —	16. 4. 85	Werft zu Danzig.
Fenner, Louis F.W.2	N	30. 4. 70	5 11	— —	do.	Minendep. zu Geestemünde.
Ligat, Hermann F.W.3	O	1. 12. 73	— —	— —	15. 4. 86	Torpedodep. zu Friedrichsort.
Krafft, August F.W.2	O	21. 10. 74	— —	— —	8. 4. 87	Minendep. zu Friedrichsort.
Fabriz, Ernst F.W.3	O	1. 2. 74	1 7	— —	do.	Werft zu Kiel.
Gruhl, Ewald F.W.3	O	1. 2. 76	1 2	— —	do.	Torpedodep. zu Friedrichsort.
Knöppler, Louis F.W.3	N	4. 11. 76	— —	— —	8. 4. 87	Werft zu Wilhh.
Torpeder.						
Gutt, Oskar F.W.3	O	4. 11. 76	— —	— —	24. 4. 85	Insp. d. Torpedow.
Schwöbe, Heinrich	N	5. 11. 77	— —	— —	15. 4. 86	Minendep. zu Wilhh.

Deckoffiziere.

Charge, Namen, Orden und Ehrenzeichen.	Stationsort.	Dienst-eintritt.	Ge-sammt-See-dienst-zeit. J. M.	See-dienstzeit in der inne-habenden Charge. J. M.	Datum der Er-nennung.	Dienst-verhältniß.
Bock, Gustav	O	7. 11. 79	— —	— —	15. 4. 86	Torpedodep. zu Friedrichsort.
Reinkens, Joseph	O	13. 1. 80	— —	— —	do.	Minendep. zu Friedrichsort.
Habicht, Paul F.W.s	O	12. 2. 74 / 15. 2. 78	— —	— —	do.	Werft zu Kiel.
Seyler, Paul F.W.s	O	20. 10. 76	— —	— —	do.	Minendep. zu Friedrichsort.
Schulz, Karl	N	12. 10. 77	— —	— —	8. 4. 87	Minendep. zu Wilhh.
Werlein, August	O	8. 11. 81	— —	— —	do.	Torpedodep. zu Friedrichsort.
Wodtke, Gustav	O	12. 11. 82	— —	— —	do.	do.
Beuß, Karl	O	18. 4. 84	— —	— —	do.	do.

Ober-Mechaniker.

Minks, Konrad	O	1. 10. 75 / 14. 4. 80	— 3	— —	29. 8. 84	Werft zu Danzig.
Volke, Ewald F.W.s	N	8. 11. 67 / 14. 4. 80	— —	— —	16. 4. 85	Werft zu Wilhh.
Römpke, Wilhelm F.W.s	O	9. 11. 76 / 25. 9. 79	— —	— —	1. 10. 85	Werft zu Kiel.
Beck, Rasmus F.W.s	O	2. 2. 78	1 7	— —	do.	Torpedodep. zu Friedrichsort.
Ermisch, Albert F.W.s	O	2. 2. 75	4 7	— —	16. 4. 86	Deck-offiziersch.
Hegener, Heinrich OR F.W.s	O	1. 2. 75	4 11	— —	16. 4. 87	Torpedodep. zu Friedrichsort.
Fichtner, Max F.W.s	O	1. 10. 75	5 6	— —	do.	do.

Mechaniker.

Stresau, Franz F.W.s	O	8. 2. 74 / 1. 10. 78	6 6	— —	16. 4. 85	Torpedodep. zu Friedrichsort.
Fremke, Hermann F.W.s	O	1. 10. 77	2 10	— 5	do.	Blücher.
Messing, Karl F.W.s	O	1. 2. 76	2 6	— —	do.	Torpedodep. zu Friedrichsort.

Deckoffiziere.

Charge, Namen, Orden und Ehrenzeichen.	Stationsort.	Dienst=eintritt.	Ge-sammt-Seedienst-zeit. J. M.	Seedienstzeit in der innehabenden Charge. J. M.	Datum der Er-nennung.	Dienst=verhältniß.
Lange, Adolf F.W.3	O	2. 2. 77	4 6	— —	16. 4. 85	Torpedodep. zu Friedrichsort.
Philipp, Max F.W.3	O	1. 10. 76	2 5	— —	do.	do.
Cramer, Hermann F.W.3	O	17. 4. 72 19. 11. 78	4 4	— —	do.	do.
Rother, Emil	O	6. 11. 79	— —	— —	1. 10. 85	do.
Jaenke, Albert F.W.2	O	1. 4. 77	5 8	— 1	21. 7. 86	do.
Kreplin, Max	O	1. 10. 81	2 11	— —	28. 7. 86	Blücher.
Gießler, Konrad F.W.2	O	2. 2. 74 1. 1. 79	6 7	— —	11. 5. 87	Torpedodep. zu Friedrichsort.
Dormann, Gustav F.W.3	O	1. 2. 77	5 6	— —	do.	do.
Meyer, Max F.W.3	O	1. 2. 78	5 7	— —	do.	do.
Siebert, Julius F.W.2	O	2. 3. 74	8 4	— 5	do.	do.
Breidbach, David F.W.3	O	2. 2. 77 14. 12. 80	6 4	— —	do.	do.

Abg.: Ob.-Torp. Zimmermann (A. K.-O. v. 14. 12. 86), Kichhöfel und Wietz (A. K.-O. v. 12. 4. 87) z. Torp.-Unt.-Lieuts., Ob.-Mechan. Diegel (A. K.-O. v. 12. 4. 87) z. Torp.-Unt.-Ing. — bef.

E. Zahlmeister-Aspiranten.

Namen, Orden und Ehrenzeichen.	Dienst-eintritt.	Ge-sammte See-dienst-zeit. J. M.	See-dienstzeit in der inne-habenden Charge. J. M.	Datum der Ernennung.	Dienst-verhältniß.
a. **Bei der Marinestation der Ostsee.**					
Bunge, Karl	21. 4. 79	2 5	— 6	1. 4. 87	I. Werftdiv.
Solf, Hermann	15. 5. 79	1 5	— 7	do.	do.
Wendeler, Paul F.W.3	1. 10. 78	2 11	— 7	do.	Sophie.
Barth, Reinhard	1. 4. 80	1 10	— 4	do.	Nautilus.
Landwehr, Wilhelm	1. 10. 80	1 1	— 1	do.	I. Matrosen-art.-Abth.
Block, Emil	1. 10. 79	1 4	— —	do.	I. Werftdiv.
Sell, Heinrich	5. 10. 80	— 9	— 3	do.	Intbtr. zu Kiel.
Kruse, Richard	1. 7. 80	1 1	— —	do.	I. Torpedo-abth.
Wolschke, Richard	do.	1 7	— 1	do.	Gneisenau.
Dietrichs	1. 10. 78	3 4	— —	26. 10. 87	I. Werftdiv.
Knaack, Otto	2. 11. 80	— 11	— 1	1. 4. 87	Moltke.
Vorpahl, Ernst	23. 1. 79	1 3	— —	do.	2. Abth. b. I. Matrosendiv.
Schmiedeberg, Georg	6. 4. 77	4 4	— —	do.	Seebat.
Faust, Adolf	1. 4. 80	1 1	— —	23. 4. 87	Intbtr. zu Kiel.
Mischi	6. 4. 77	4 5	— —	26. 10. 87	I. Werftdiv.

Abg.: Zahlm.-Aspten. Beykirch, Jahn, Krause, Wulff, Heppner, Wapnewski, Braun, Tetzmar, Szczobrowski, Kunze und Feldmann (A. K.-O. v. 12. 4. 87) z. Mar.-Unt.-Zahlm. bef.

b. **Bei der Marinestation der Nordsee.**

Namen, Orden und Ehrenzeichen.	Dienst-eintritt.	Ge-sammte See-dienst-zeit. J. M.	See-dienstzeit in der inne-habenden Charge. J. M.	Datum der Ernennung.	Dienst-verhältniß.
Sandquist, Wilhelm F.W.3	25. 6. 74	6 7	4 6	28. 4. 81	Mücke.
Schab, Wilhelm F.W.3	15. 5. 79	3 3	— 2	18. 8. 86	Stationskasse zu Wilhh.
Niedermeyer, Ernst	27. 5. 79	2 —	— 3	13. 4. 87	Habicht.
Schuppan, Robert	1. 7. 79	1 7	— 2	18. 4. 87	II. Werftdiv.
Krause, Eduard F.W.3	1. 10. 78	3 11	— 7	do.	Bismarck.
Struwe, August F.W.3	4. 10. 80	2 6	— 6	do.	Cyclop.
v. Wittke, Max F.W.3	15. 5. 79	4 5	— 4	do.	Prinz Adalbert.
Hagemeister, Ernst	1. 4. 81	3 2	— 4	do.	II. Werftdiv.
Jeschke, Bernhard	do.	2 1	— —	do.	Stationskasse zu Wilhh.
Herzog, Albert	28. 5. 81	1 5	— 5	do.	II. Werftdiv.
Weißer, Ludwig	1. 10. 81	2 4	— 1	16. 7. 87	Stein.
Gelbricht, Oskar	1. 10. 82	1 2	— 2	17. 4. 87	Loreley.
Berkhahn, Ernst	do.	1 7	— 6	do.	Mars.
Schörnich, Heinrich	do.	1 7	— 5	do.	Stationskasse zu Wilhh.

Abg.: Zahlm.-Aspten. Gottschow, Gemsky, Becker, Köpke, Grieb, Wald, Vorpahl u. Lange (A. K.-O. v. 12. 4. 87) z. Mar.-Unt.-Zahlm. bef.

Zeugfeldwebel.

Namen, Orden und Ehrenzeichen.	Stationsort.	Dienst= eintritt.	Datum der Ernennung.	Dienst= verhältniß.
Ober=Zeugfeldwebel.				
Klau, Robert [F.W.]1	N	11. 12. 65	12. 12. 84	Artilleriedep. zu Geestemünde.
Zeugfeldwebel.				
Kamrath, Christian ⌒ 4 [F.W.]1	O	23. 10. 57	15. 12. 74	Artilleriedep. zu Friedrichsort.

Abg.: Ob.-Zeugfeldw. Kannenberg (A. K.-O. v. 12. 4. 87) z. Zeug-Lieut. bef.; Ob.-Zeugfeldw. Sok... 7. 87) beh. Anst. i. Civilb. entl.

Offiziere etc. des Beurlaubtenstandes der Marine.
Reserve.

Charge, Namen, Orden und Ehrenzeichen.	Marinestation.	Diensteintritt.	Datum des Patents.	Bezirkskommando.	Armeekorpsbezirk.
A. Der Matrosendivisionen.					
Lieutenants zur See.					
v. Sivers, Peter *LD2*	O	31. 5. 71	23. 10. 80	Tilsit.	I.
Ziesmer, Georg *LD2*	O	12. 4. 74	16. 11. 80 A.	Schleswig.	IX.
		1. 10. 72			
Hermann, Konrad *LD2*	O	1. 7. 73	17. 11. 81 A.	Teltow.	III.
v. Rapacki-Warnia, Bruno *LD2*	N	1. 4. 74	do. B.	Bremen.	IX.
Marx, Emil *LD2*	N	do.	19. 10. 82	do.	IX.
Hübner, Stephan *LD2*	N	1. 4. 71	16. 8. 83	Cosel.	VI.
Feiland, Paul *LD2*	O	1. 7. 77	20. 10. 83	1. Oldenburg.	X.
Arenhold, Ferdinand *LD2*	O	12. 4. 74	do. A.	1. Berlin.	III.
Oesterreich, Emil *LD2*	N	1. 4. 72	18. 10. 84	Bremen.	IX.
Schütte, Julius	N	7. 1. 78	17. 11. 85 E.	Coeln.	VIII.
Weyer, Franz	O	1. 4. 81	16. 2. 86 B.	Kiel.	IX.
Polack, Charles	O	do.	17. 8. 86 A.	Hamburg.	IX.
Holtz, Ulrich	O	1. 7. 80	18. 11. 86	Stralsund.	II.
Kirchner, Heinrich	O	1. 10. 78	do. A.	Brieg.	VI.
v. Mayer, Max	N	1. 4. 81	16. 12. 86 A.	Kempten.	I. K. Bayr.
Dücker, Adolf	O	1. 10. 81	14. 5. 87	Altona.	IX.
Moeller, Maximilian	N	5. 4. 80	18. 10. 87	Leipzig.	XII.
Schaake, Wilhelm	O	1. 4. 82	do. A.	Arolsen.	XI.
Kunschmann, Karl	O	1. 7. 82	do. B.	1. Berlin.	III.
Unter-Lieutenants zur See.					
v. Gahlen, Hugo	N	21. 4. 77	16. 11. 80 T.	Coeln.	VIII.
Jansen, Wilhelm	O	1. 1. 81	19. 10. 82 E.	Kiel.	IX.
Lange, Karl	N	1. 7. 81	19. 12. 82	Bochum.	VII.
Bendfeldt, Johann	O	26. 7. 81	19. 9. 83 A.	Lübeck.	IX.
Blaß, Hermann	O	1. 10. 81	do. B.	Hamburg.	IX.
Weichmann, Karl	O	21. 4. 77	20. 10. 83	Königsberg.	I.
			K.-O.16.11.80 ern.		
Langreuter, Hermann	O	1. 4. 79	13. 11. 83	2. Oldenburg.	X.
Mittmann, Theodor	O	1. 1. 81	do. A.	Saarlouis.	VIII.
Fuchs, Hermann	O	1. 10. 81	do. C.	Hamburg.	IX.
Wille, Reinhard	O	1. 10. 78	21.11.84 Gg.	Brieg.	VI.
Mühleisen, Albrecht	O	1. 10. 79	do. Ji.	Bremen.	IX.

Charge, Namen, Orden und Ehrenzeichen.	Marinestation.	Diensteintritt.	Datum des Patents.	Bezirkskommando.	Armeekorpsbezirk.
Sonderhoff, Louis	O	1. 10. 76	17. 2. 85	Hamburg.	IX.
Jebsen, Michael	O	1. 10. 83	do. B.	Apenrade.	IX.
Heindorff, Karl	N	1. 10. 81	14. 3. 85	Stettin.	II.
v. Moisy, Alexander	O	1. 4. 82	16. 5. 85 A.	1. Berlin.	III.
Zurbonsen, Bernard	N	1. 4. 81	18. 7. 85 Pp.	Bremen.	IX.
Schultze, Fritz	O	1. 4. 80	18. 8. 85	Potsdam.	III.
Grosse, Hans LD2	N	12. 4. 74	17. 11. 85 K.-O. 18.12.77 ern.	1. Berlin.	III.
Wagner, Georg	O	1. 2. 84	15. 12. 85	Hamburg.	IX.
Simonsen, Alexander	O	1. 2. 85	22. 6. 86	do.	IX.
Krause, Hans	N	1. 1. 80	19. 10. 86	Bremen.	IX.
Krebs, Hugo	N	1. 4. 81	do. A.	do.	IX.
Dahl, Rudolf	N	do.	18. 11. 86	Osnabrück.	X.
Temme, Gustav	O	1. 7. 82	17. 2. 87 A.	Altona.	IX.
Marpé, Paul	N	1. 4. 82	15. 3. 87 A.	Bremen.	IX.
Weiß, Martin	O	1. 10. 81	14. 5. 87. A.	Hamburg.	IX.
v. Levetzow, Hans	N	17. 4. 75	K.-O. 19. 11. 78	Altona.	IX.
Gr. v. Luckner, Peter	N	do.	do.	Hamburg.	IX.
Schröder, Otto	O	21. 4. 77	K.-O. 16. 11. 80	1. München.	1. K. Bayr.
Moog, Ludwig	O	20. 4. 82	K.-O. 18. 7. 85	1. Berlin.	III.

B. Der Matrosenartillerie-Abtheilungen.

Lieutenants zur See der Matrosenartillerie.

Merten, Paul	O	1. 10. 78	16. 5. 85 A.	Danzig.	1.
Hilverkus, Hermann	N	1. 10. 79	17. 8. 86	Essen.	VII.
v. Veltheim, Wilhelm	N	4. 7. 80	20. 6. 87 B.	Osnabrück.	X.

Unter-Lieutenants zur See der Matrosenartillerie.

Cosack, Josef	N	1. 10. 80	19. 10. 82 A.	Coeln.	VIII.
Sieber, Franz	O	1. 10. 78	21. 11. 84 Hh.	Halberstadt.	IV.
Johow, Hans	O	1. 10. 79	17. 2. 85 A.	Kiel.	IX.
Klamroth, Gerhard	O	22. 4. 79	17. 10. 85	do.	IX.
Flohr, Wilhelm	N	1. 4. 84	19. 10. 86 B.	Franff. a. M.	XI.
Sellerbeck, Heinrich	O	1. 10. 84	18. 11. 86 A.	Wesel.	VII.
Reichert, Albert	O	23. 4. 79	17. 2. 87	Ludwigsburg.	XIII.
Köllner, Paul	N	1. 4. 81	15. 3. 87	Hamburg.	IX.
Denecke, Eduard	N	1. 7. 81	16. 4. 87 Pp.	Aurich.	X.
Kreutzberg, Alfons	N	1. 4. 85	20. 6. 87	Andernach.	VIII.

Charge, Namen, Orden und Ehrenzeichen.	Marinestation.	Diensteintritt.	Datum des Patents.	Bezirkskommando.	Armeekorpsbezirk.
C. Des Seebataillons.					
Sekond-Lieutenants.					
Koch, Paul LD2	O	1. 10. 74	13. 5. 79 K.	Kiel.	IX.
Hennicke, Max	O	1. 10. 77	15. 4. 80	Schweidnitz.	VI.
Scharffenberg, August	O	do.	17. 12. 81	Halle.	IV.
Albath, Bernhard	O	1. 10. 80	13. 9. 82 L81.	1. Oldenburg.	X.
Brümmer, Paul	O	1. 4. 80	16. 8. 83 Zz.	do.	X.
Oelker, Wilhelm	O	do.	do. A2a.	do.	X.
Hofmann, Rudolf LD2	O	1. 10. 73	19. 9. 83	1. Berlin.	III.
Böttge, Franz	O	1. 10. 81	do. A.	Aschersleben.	IV.
Albrecht, Bruno	O	1. 10. 79	17. 10. 83 W4w.	Stolp.	II.
Junge, Karl	O	1. 4. 81	do. M7m.	1. Oldenburg.	X.
Hoefer, Johannes	O	1. 4. 80	15. 4. 84 N4n.	do.	X.
Schwarz, Tjard	O	1. 10. 81	10. 5. 84 Kk	Kiel.	IX.
v. Cölln, Georg	O	1. 10. 80	14. 10. 84 V4v.	do.	IX.
Stechert, Karl	O	1. 10. 78	16. 12. 84	Hamburg.	IX.
Könecke, Ernst	O	1. 10. 82	do. A.	Neuhaldensleben.	IV.
Naehser, Karl	O	do.	17. 2. 85	Hamburg.	IX.
Richter II., Ottokar	O	1. 10. 80	18. 8. 85 V.	1. Oldenburg.	X.
Flach, Heinrich	O	1. 4. 82	do. Pp.	do.	X.
Riehl, August	O	1. 4. 81	18. 3. 86	Lingen.	X.
Peck, Felix	O	1. 4. 83	12. 6. 86 Ji.	1. Oldenburg.	X.
Fischer, Bruno	O	1. 4. 80	15. 3. 87	Sorau.	III.
Schilasky, Emil	O	1. 10. 80	do. A.	do.	III.
Majert, Richard	O	1. 10. 83	17. 9. 87	Wesel.	VII.
D. Maschinen-Ingenieure.					
Maschinen-Unter-Ingenieure.					
Hartmann, Karl	O	5. 4. 76	8. 12. 85	Hamburg.	IX.
Iversen, Felix	O	28. 6. 78	1. 3. 87 A.	Marienburg.	I.
Bockholt, Friedrich	N	1. 10. 81	15. 3. 87	Bromberg.	II.
Fritz, Georg	N	1. 10. 80	8. 11. 87	Kiel.	IX.

Charge, Namen, Orden und Ehrenzeichen.	Marine=station.	Dienst=eintritt.	Datum des Patents.	Bezirks=kommando.	Armee=korps=bezirk.

E. Ärzte.

Stabs=Ärzte.

Dr. Wunder, Eugen LD2	N	2. 9. 70	1. 11. 83 Oo.	Altona.	IX.
Dr. Neuber, Gustav LD2	O	1. 8. 70 1. 3. 76	24. 8. 86 S.	Kiel.	IX.
Dr. Wallé, Karl	N	1. 10. 75	do. T.	1. Berlin.	III.

Assistenz-Ärzte 1. Klasse.

Dr. Claußen, Wilhelm	O	1. 10. 75 1. 7. 78	3. 4. 83 C.	Rendsburg.	IX.
Dr. Bertheau, Hermann	O	1. 4. 77 1. 2. 79	21. 6. 83 Q.	Altona.	IX.
Dr. Mohr, Hans	N	1. 10. 75 15. 5. 79	26. 1. 84 Q.	Stuttgart.	XIII.
Dr. Dobbert, Gustav	N	1. 10. 75 1. 6. 78	22. 7. 84 H.	1. Oldenburg.	X.
Dr. Becker, Hermann	N	1. 10. 75 1. 4. 80	31. 8. 84 Z.	Sorau.	III.
Henrici, Karl	N	1. 4. 76 1. 3. 80	21. 9. 84 C.	Hamburg.	IX.
Dr. Wehmann, Johann	N	1. 10. 76 15. 5. 80	27. 1. 85 H.	Bremen.	IX.
Dr. Hennings, Paul	O	1. 10. 77 1. 7. 80	do. N.	Altona.	IX.
Dr. Petersen, Gustav	O	1. 4. 77 1. 7. 80	do. Q.	Kiel.	IX.
Dr. Steinbach, Adolf	N	1. 4. 78 15. 3. 81	30. 7. 85 D.	Sorau.	III.
Dr. Glaevecke, Ludwig	O	1. 4. 76 1. 5. 81	do. U.	Kiel.	IX.
Dr. Freise, Walter	N	1. 10. 75 1. 8. 81	1. 9. 85 W.	Görlitz.	V.
Dr. Gr. v. Spee, Ferdinand	O	1. 10. 78 15. 10. 81	3. 11. 85 L.	Kiel.	IX.
Dr. Caplick, Ludwig	N	1. 4. 81 1. 11. 81	do. W.	1. Berlin.	III.
Dr. Doehle, Paul	O	1. 10. 78	26. 1. 86 J.	Kiel.	IX.
Dr. Lenz, Georg	N	1. 11. 80 20. 3. 83	27. 7. 86 E.	1. Dresden.	XII.
Dr. Müller II., Robert	N	1. 10. 77	3. 2. 87 D. K.-O. 28. 9. 86 ern.	1. Braun=schweig.	X.

Reserve.

Charge, Namen, Orden und Ehrenzeichen.	Marinestation.	Diensteintritt.	Datum des Patents.		Bezirkskommando.	Armeekorpsbezirk.
Dr. Andresen, Adolf	N	1. 4. 80 1. 5. 83	21. 4. 87	N.	Rendsburg.	IX.
Dr. Creutzfeldt, Otto	O	1. 10. 80 1. 5. 83	do.	O.	Lüneburg.	X.
Müller III., Karl	O	1. 4. 76 15. 5. 83	do.	P.	Gießen.	XI.
Dr. Hinrichsen, Karl	O	1. 4. 78 15. 6. 81	21. 6. 87	Q.	Schleswig.	IX.
Dr. Schwer, Wilhelm	N	1. 10. 81 15. 4. 83	30. 8. 87	S.	Rendsburg.	IX.
Dr. Roediger, Ernst	N	1. 4. 81 1. 5. 84	24. 9. 87	G.	Frankfurt a. M.	XI.
Trede, Harald	O	1. 4. 79 15. 5. 84	do.	H.	Kiel.	IX.
Dr. Lange, Wilhelm	O	1. 4. 80 1. 6. 84	do.	Dd.	Altona.	IX.

Assistenz-Ärzte 2. Klasse.

Glendenberg, Gottlieb	O	1. 4. 79 1. 7. 84	24. 3. 85	M.	Bernburg.	IV.
Dr. Biedermann, Ernst	O	1. 4. 78 15. 11. 84	1. 9. 85	Aa.	Borna.	XII.
Dr. Trainer, Karl	N	1. 10. 82 15. 4. 85	26. 1. 86	X.	Bochum.	VII.
Dr. Hoepfner, Anton	O	1. 4. 80 1. 7. 85	18. 3. 86	M.	Hamburg.	IX.
Tjarks, Tjark	O	1. 4. 82 1. 8. 85	20. 4. 86	Y.	Aurich.	X.
Dr. Marxen, Theodor	O	1. 4. 80 1. 10. 85	22. 6. 86	R.	Rendsburg.	IX.
Dr. Winckler, Ernst	N	1. 10. 83	28. 9. 86	T.	Königsberg.	I.
Dr. Haacke, Emil	O	1. 4. 81 1. 2. 86	16. 10. 86	M.	Rendsburg.	IX.
Dr. Lau, Behrend	O	1. 10. 80 15. 2. 86	25. 11. 86	O.	Altona.	IX.
Ebermaier, August	N	1. 4. 80 15. 2. 86	do.	Q.	Kiel.	IX.
Dr. Ehlers, Philipp	N	1. 4. 80 15. 2. 86	do.	R.	Teltow.	III.
Dr. Kremser, Emil	N	1. 4. 82 1. 3. 86	do.	Y.	Altona.	IX.
Dr. Marben, Alexander	O	1. 4. 83 1. 3. 86	do.	Z.	Hamburg.	IX.

Reserve.

Charge, Namen, Orden und Ehrenzeichen.	Marinestation.	Diensteintritt.	Datum des Patents.	Bezirkskommando.	Armeekorpsbezirk.
Johannsen, Iver	O	1. 4. 83 20. 3. 86	30. 12. 86 T.	Apenrade.	IX.
Dr. Wegner, Ernst	O	1. 10. 82 20. 3. 86	do. U.	Kiel.	IX.
Dr. Bruhn, Theodor	O	1. 4. 82 1. 4. 86	do. Bb.	Altona.	IX.
Dr. Kügler, Felix	N	1. 4. 82 1. 5. 86	3. 2. 87 Ff.	Dessau.	IV.
Mu..haupt, Karl	N	1. 10. 82 1. 5. 86	do. Hh.	Rendsburg.	IX.
Dr. Schaumlöffel, Gottlieb	N	1. 10. 82 1. 8. 86	21. 4. 87 R.	Kiel.	IX.
Quentin, Engelbert	N	1. 10. 82 1. 9. 86	19. 5. 87 Aa.	Lingen.	X.
Bier, August	N	1. 4. 83 1. 2. 86	21. 6. 87 S.	Kiel.	IX.
Dr. Mose, Franz	O	1. 4. 82 14. 2. 87	K.-O. 22. 11. 87	do.	IX.
Dr. Caspersohn, Karl	O	1. 4. 84 14. 2. 87	do.	do.	IX.
Dr. Stelzner, Julius	O	1. 4. 82 1. 3. 87	do.	do.	IX.
Unter-Ärzte.			Datum der Ernennung.		
Dr. Engelken, Ludwig	O	1. 10. 74 1. 4. 79	1. 10. 79	Erlangen.	II. K. Bayr.
Boyens, Emil	O	1. 10. 76 1. 4. 79	do.	Altona.	IX.
Burchardt, Eugen	N	1. 4. 77 1. 8. 80	1. 2. 81	Mülhausen i. E.	XV.
Harcken, Justus	N	1. 4. 79 15. 8. 82	15. 2. 83	Bremen.	IX.
Magnussen, Lorenzo	O	1. 4. 79 20. 6. 84	20. 12. 84	Posen.	V.
Dr. Eysoldt, Wolf	O	1. 10. 80 15. 4. 85	14. 10. 85	1. Berlin.	III.
Dr. Gumbinner, Julius	N	1. 4. 80 1. 9. 85	28. 2. 86	do.	III.
Wolfrom, Friedrich	O	1. 4. 81 15. 11. 86	14. 5. 87	Halle.	IV.
Dr. Wolfring, Wilhelm	O	1. 4. 84 14. 2. 87	14. 8. 87	Kiel.	IX.
Geerdts, Ludwig	O	1. 10. 84 15. 3. 87	14. 9. 87	do.	IX.

Reserve.

Charge, Namen, Orden und Ehrenzeichen.	Marine= station.	Dienst= eintritt.	Datum der Ernennung.	Bezirks= kommando.	Armee= korps= bezirk.
Dr. Meyer, Ernst	O	1. 10. 86 / 1. 4. 87	21. 6. 87	Kiel.	IX.
Dr. Lorenz, Rudolf	O	1. 10. 82 / 1. 4. 87	30. 9. 87	do.	IX.
Dr. Wahncau, John	O	1. 4. 83 / 1. 4. 87	do.	do.	IX.
Dr. v. Meyer, Edward	O	1. 4. 84 / 1. 4. 87	do.	do.	IX.
Stemann, Ernst	O	1. 4. 85 / 1. 4. 87	do.	do.	IX.
Warnstedt, Gustav	O	1. 10. 81 / 15. 4. 87	14. 10. 87	do.	IX.
Breunig, Jakob	O	1. 4. 83 / 15. 4. 87	do.	do.	IX.
Petersen I., Niels	O	1. 4. 84 / 15. 4. 87	do.	do.	IX.
Dr. Petersen II., Matthias	O	1. 4. 84 / 15. 4. 87	do.	do.	IX.

F. Maschinisten.
a. der I. Werftdivision.

Maschinisten.

Meyer, Johann	O	1. 10. 79	27. 3. 84	Braun= schweig.	X.
Nissen, Wilhelm	O	1. 2. 82	do.	Hamburg.	IX.
Kißling, Georg	O	1. 2. 80	do.	Chemnitz.	XII.
Hoffmann, Max	O	1. 2. 79	23. 9. 84	Danzig.	I.
Lorenz, Gustav	O	do.	27. 11. 84	Stendal.	IV.
Schütt, Johann	O	1. 2. 80	do.	Hamburg.	IX.
Hansen, David	O	do.	do.	Schleswig.	IX.
Weiler, Heinrich	O	1. 2. 80	30. 11. 84	Coeln.	VIII.
Nothold, Anton	O	1. 2. 79	30. 1. 85	1. Oldenburg.	X.
Boldt, Wilhelm	O	1. 2. 78	do.	Altona.	IX.
Wiens, Albert	O	4. 7. 81	17. 6. 85	Danzig.	I.
Wiese, Ernst	O	1. 2. 83	31. 12. 85	Kiel.	IX.

8*

Charge, Namen, Orden und Ehrenzeichen.	Marine=station.	Dienst=eintritt.	Datum der Ernennung.	Bezirks=kommando.	Armee=korps=bezirk.
Boy, Gustav	O	1. 2. 80	30. 1. 86	Altona.	IX.
Schwebecke, Bernhard	O	1. 10. 79	do.	Rostock.	IX.
Fleischer, Paul	O	1. 10. 80	31. 7. 86	do.	IX.
Schäfer, Albert	O	2. 2. 82	26. 9. 86	Bremen.	IX.
Witt, Johannes	O	1. 2. 81	2. 10. 86	Kiel.	IX.
Fedderfen, Christian	O	1. 2. 83	31. 1. 87	Flensburg.	IX.
Müller, Max	O	1. 2. 81	28. 2. 87	Hamburg.	IX.
Eggert, August	O	2. 2. 83	31. 3. 87	Stendal.	IV.
Beeck, Julius	O	1. 2. 81	31. 8. 87	Pinneberg.	IX.
Usinger, Emil	O	1. 2. 82	30. 9. 87	Hamburg.	IX.
Vize=Maschinisten.					
Bahle, Heinrich	O	1. 10. 79	23. 9. 84	Bremen.	IX.
Determeyer, Georg	O	1. 2. 79	do.	Coeln.	VIII.
Engelking, Franz	O	1. 4. 78	do.	Düsseldorf.	VII.
Kossow, Heinrich	O	1. 10. 79	do.	Hamburg.	IX.
Lohmann, Max	O	1. 4. 78	do.	Berlin.	III.
Liebenberg, Franz	O	do.	do.	Wesel.	VII.
Witte, Friedrich	O	1. 10. 81	do.	Gräfrath.	VII.
Valentin, Rudolf	O	1. 10. 80	do.	Rostock.	IX.
Clauß, Wilhelm	O	1. 10. 81	do.	Aachen.	VIII.
Benduhn, Karl	O	1. 10. 78	do.	Breslau.	VI.
Ueltzen, Ferdinand	O	1. 10. 79	do.	Hamburg.	IX.
Kaufmann, Albert	O	do.	10. 10. 84	Würzburg.	II. K. Bayr.
Hildebrandt, Johannes	O	1. 2. 80	do.	Kiel.	IX.
Prillwitz, Emil	O	do.	30. 5. 85	Rostock.	IX.
Koch, Karl	O	1. 10. 81	do.	Freiberg i. S.	XII.
Huch, Heinrich	O	1. 10. 78	11. 6. 85	Hamburg.	IX.
Pagel, Albert	O	1. 10. 80	31. 7. 85	Rostock.	IX.
Geßner, Karl	O	1. 2. 80	do.	Bremen.	IX.
Zintgraff, Peter	O	1. 10. 77	do.	Kiel.	IX.
West, Peter	O	1. 10. 80	18. 10. 85	Berlin.	III.
Toel, Friedrich	O	do.	do.	Bremen.	IX.
Bergner, Hugo	O	1. 2. 82	do.	Wandsbeck.	IX.
Braselmann, Gustav	O	1. 10. 81	30. 11. 86	Hamburg.	IX.
Schreyhage, Max	O	1. 2. 85	31. 8. 87	Braun=schweig.	X.
Heyler, Theophil	O	1. 10. 85	do.	Saargemünd.	XV.
Holzinger, August	O	1. 2. 82	do.	Hamburg.	IX.

Reserve. 111

Charge, Namen, Orden und Ehrenzeichen.	Marinestation.	Diensteintritt.	Datum der Ernennung.	Bezirkskommando.	Armeekorpsbezirk.

b. der II. Werftdivision.

Maschinisten.

Rosehr, August	N	2. 2. 81	30. 8. 84	Hamburg.	IX.
Rippe, Wilhelm	N	do.	do.	Bremen.	IX.
Pohlhaus, Ernst	N	1. 10. 81	18. 10. 85	1. Berlin.	III.
Leithoff, Otto	N	do.	do.	do.	III.
Dame, Christian	N	1. 2. 82	23. 2. 86	Hamburg.	IX.
Savallisch, August	N	1. 2. 81	28. 2. 86	Kiel.	IX.
Lindemann, Friedrich	N	2. 2. 81	30. 3. 86	Bremen.	IX.
Cornelsen, Hans	N	1. 2. 82	do.	Kiel.	IX.
Krause, Robert	N	1. 2. 81	30. 7. 86	Hamburg.	IX.
Rieck, Charles	N	2. 2. 81	do.	do.	IX.
Eichholz, Max	N	1. 2. 81	do.	do.	IX.
Grube, Wilhelm	N	12. 5. 81	29. 4. 87	do.	IX.

Seewehr.

A. Der Matrosendivisionen.

Charge, Namen, Orden und Ehrenzeichen.	Marinestation.	Diensteintritt.	Datum des Patents.	Bezirkskommando.	Armeekorpsbezirk.

Kapitän-Lieutenants.

Felberg, Karl *LD1*	O	18.12.63	18.11.75	Schleswig	IX.
Köthner, Julius ◯R *LD1*	O	9.12.63	14. 1.79	Königsberg.	I.
Schienmann, Johannes *LD2*	N	1. 4.71	15.12.85	Bremen.	IX.
v. Schuckmann, Wilhelm *LD2*	N	16. 4.72	18.11.86	do.	IX.
Frhr. v. Diergardt, Daniel *LD2*	N	2. 5.70	18.10.87	Düsseldorf.	VII.
Muchall-Viebrock, Alfred	O	31. 5.71	do. A.	Coeslin.	II.

Lieutenants zur See.

Jeß, August	O	18.12.63	22. 6.71	Königsberg	I.
v. Prittwitz und Gaffron, Stephan *LD2*	O	26. 4.68	14.12.75 B1.	Kreuzburg.	VI.
Marzen, Julius *LD2*	O	1. 4.74	16.11.80	Schleswig.	IX.
Schmidt, Heinrich *LD2*	N	1. 4.72	17.11.81	Naugard.	II.
Hahn, Robert *LD2*	N	1. 4.74	19.10.82 C.	Bremen.	IX.
Kulemann, Florian *LD2*	O	13. 5.74	17. 9.85 A.	Hamburg.	IX.
Günther, Hermann *LD2*	N	1. 4.71	17.10.85	Halle.	IV.
Fromm, Hugo *LD2*	N	1.10.74	16.12.86	Stralsund.	II.

Unter-Lieutenants zur See.

Piper, Karl *LD1*	N	5. 1.64	22.10.64 Vv.	Anclam.	II.
Petersen, Peter	O	1. 4.69	17. 2.71 J.	Altona.	IX.
Steinbart, Ernst *LD2*	N	31. 5.71	19.12.74	Coeln.	VIII.
Schaeffer, Charles	N	4. 1.75	14.11.76 B.	1. Darmstadt.	XI.
Leithäuser, Hermann *NO3*	O	18. 4.71	13. 8.78	Hamburg.	IX.
Hildebrandt, Paul	O	1. 8.77	19.11.78 B.	1. Dresden.	XII.
Schott, Maximilian	N	1. 4.79	17. 2.81	Bremen.	IX.

Hilfs-Unter-Lieutenant.

Schubbe, J. F. G. ◯A *LD2*	O	14. 4.59	R.-O. 1.3.64	Stettin.	II.

Seewehr.

Charge, Namen, Orden und Ehrenzeichen.	Marinestation.	Diensteintritt.	Datum des Patents.	Bezirkskommando.	Armeekorpsbezirk.
B. Der Matrosenartillerie-Abtheilungen.					
Lieutenants zur See.					
Himer, Ernst LD2	N	1. 4. 69	16. 8. 87 B.	Cottbus.	III.
Fischer, Felix	N	1. 4. 79	do. C.	Ansbach.	2. K. Bayer.
C. Des Seebataillons.					
Hauptleute.					
Perels, Ferdinand ✠3 ✠2 LD1	O	1. 4. 56	16. 8. 76 C.	1. Berlin.	III.
Rudloff, Johannes LD2	O	1. 10. 68	16. 5. 85 U.	Kiel.	IX.
Perino, Joseph ✠2 LD2	O	1. 4. 69	17. 9. 87.	Coblenz.	VIII.
Premier-Lieutenants.					
Bertram, Eduard ✠2 LD2	O	1. 10. 67	7. 8. 77 Vv.	Danzig.	I.
Arenth, Franz ✠2 LD2	O	25. 7. 70	11. 11. 84 A.	Kiel.	IX.
Maslak, Xaver LD2	O	1. 4. 68	do. E.	do.	IX.
Köhn v. Jaski, Theodor LD2	O	22. 7. 70	16. 12. 84	1. Oldenburg.	X.
Richter I., Anton	O	1. 10. 75	17. 9. 87	Beuthen.	VI.
Sekond-Lieutenants.					
Klein, Theodor ✠4 LD2	O	1. 10. 71	12. 10. 75 W 13w.	Teltow.	III.
Neumann, Hermann LD2	O	1. 10. 72	15.9.76 Y 2y.	1. Oldenburg.	X.
Putzmann, Max LD2	O	1. 4. 73	15. 5. 77. K.	do.	X.
Krieger, Eduard LD2	O	1. 10. 74	11. 12. 77 R 3 r.	do.	X.
Radke, Walter	O	1. 10. 76	12.9.78 B 7b.	Danzig.	I.
Seeber, Hermann	O	5. 9. 70	14.1.79 O 4o	Kiel.	IX.
Haarde, August LD2	O	1. 4. 74	11. 6. 79 U.	1. Oldenburg.	X.
Meyer, Raimund	O	1. 10. 77	16. 10. 79 Q 17 q.	do.	X.
Otto, August LD2	O	22. 7. 70	14.2.80 H 5h.	1. Berlin.	III.
Schultz, Franz	O	3. 3. 76	17. 8. 80	Perleberg.	III.
Giese, Ernst	O	1. 10. 79	11.2.82 F 8f.	1. Oldenburg.	X.
Dierich, Karl	O	1. 10. 74	16. 8. 83 F.	do.	X.
D. Maschinen-Ingenieure.					
Maschinen-Unter-Ingenieur.					
Esselborn, Martin	O	1. 2. 77	1. 3. 87	Aurich.	X.

114 Seewehr.

Charge, Namen, Orden und Ehrenzeichen.	Marine-station.	Dienst-eintritt.	Datum des Patents.	Bezirks-kommando.	Armee-korps-bezirk.
E. Ärzte.					
Stabs-Ärzte.					
Dr. Martini, Ferdinand ⚔4 LD2	O	1. 10. 69	24. 5. 77 E.	1. Berlin.	III.
Dr. Höring, Emil LD2 WF3a⚔	N	24. 7. 70	23. 3. 80 Dd.	Hall.	XIII.
Dr. Jacob, Eugen LD2	N	29. 9. 70	21. 6. 83 T.	Worms.	XI.
Dr. Biskupski, Anton	O	6. 5. 72 1. 4. 77	26. 7. 87 Dd.	Rawitsch.	V.
Assistenz-Ärzte 1. Klasse.					
Dr. Drost, Wilhelm	O	1. 4. 74 1. 12. 77	24. 4. 82 F.	Altona.	IX.
Dr. Cuntz, Friedrich	N	1. 10. 74 1. 4. 78	22. 6. 82 K.	Wiesbaden.	XI.
Dr. Markwort, Emil	N	1. 10. 77	22. 6. 82 O.	Aachen.	VIII.
Dr. Höfling, Ernst	N	1. 4. 74 1. 5. 78	24. 2. 83 A.	Wesel.	VII.
Dr. Kirchhoff, Theodor	O	1. 10. 75 1. 1. 79	21. 6. 83 H.	Schleswig.	IX.
Reuter, Paul	N	1. 4. 74 1. 2. 79	do. R.	Lübeck.	IX.
Dr. Hecksteden, Eduard	O	1. 10. 76 1. 7. 80	27. 1. 85 P.	Schleswig.	IX.
Dr. Müller I., Franz	N	1. 10. 75 1. 4. 81	30. 7. 85 M.	1. Berlin.	III.
Dr. Rehder, Karl	N	1. 4. 77 15. 12. 81	26. 1. 86 E.	Altona.	IX.
Henrichsen, Hugo	N	1. 10. 78 1. 4. 82	20. 2. 86 H.	do.	IX.
Dr. Wieck, Otto	O	1. 4. 79 15. 4. 82	do. Z.	Schleswig.	IX.
Dr. Bartels, Adolf	O	1. 4. 78	21. 6. 87 N.	do.	IX.
Dr. Loeschigk, Hermann	O	1. 4. 79 20. 4. 84	24. 9. 87 E.	Hannover.	X.
Unter-Arzt.			Datum der Ernennung.		
Dr. Kummer, Leopold	O	1. 10. 75	20. 9. 82	Rendsburg.	IX.
F. Maschinisten.					
a. der I. Werftdivision.					
Maschinisten.					
Collignon, Julius [F.W.]3	O	2. 2. 75	21. 10. 81	Rostock.	IX.
Granowski, Adolf [F.W.]2	O	23. 4. 74	2. 12. 82	1. Berlin.	III.
Hildebrandt, Hugo	O	1. 10. 77	27. 3. 84	Hamburg.	IX.

Seewehr. 115

Charge, Namen, Orden und Ehrenzeichen.	Marinestation.	Diensteintritt.	Datum der Ernennung.	Bezirkskommando.	Armeekorpsbezirk.
Giesecke, Martin	O	1.10.77	23. 9.84	Coeln.	VIII.
Bertholz, Ernst	O	1. 2.77	30.11.84	Hamburg.	IX.
Müller, Hubert	O	1. 2.69	28. 2.85	Kiel.	IX.
Krause, August	O	1. 2.78	do.	Hamburg.	IX.
Grambow, Gustav	O	1.10.77	30. 4.85	do.	IX.
Christen, Karl	O	1. 2.76	30. 5.85	do.	IX.
Ewel, Richard	O	1. 2.75	31. 3.86	Danzig.	I.
Schwabedissen, Oskar	O	2. 2.78	30. 4.86	Schleswig.	IX.
Stegmann, Johann	O	1.10.75	31. 7.86	Danzig.	I.
Sandow, Louis	O	10. 2.78	31. 8.87	Anklam.	II.
Vize-Maschinisten.					
Brunswick, Oskar	O	1.10.77	23. 9.84	Bernburg.	IV.
Jansen, Marius	O	do.	do.	Stettin.	II.
Strothotte, Karl	O	6.10.77	do.	1. Oldenburg.	X.
Meyer, Johannes	O	1. 2.80	28. 2.87	Celle.	X.

b. der II. Werftdivision.

Charge, Namen, Orden und Ehrenzeichen.	Marinestation.	Diensteintritt.	Datum der Ernennung.	Bezirkskommando.	Armeekorpsbezirk.
Maschinisten.					
Kümmelmann, Markus [F.W.]³	N	22. 4.74	12. 4.80		
Empson, Henry	N	2. 2.78	29. 3.84	Hamburg.	IX.
Rieck, August	N	2. 2.79	do.	Hamburg.	IX.
Arp, Ernst	N	2. 2.76	4. 8.84	Kiel.	IX.
Barends, Hermann	N	1. 2.80	27. 8.84	Hamburg.	IX.
Roscher, Heinrich	N	1.10.78	30. 8.84	1. Berlin.	III.
Steinsick, Gustav	N	1. 2.79	do.	Metz.	XV.
Stackfleth, Albert	N	1. 4.78	23. 9.84	1. Berlin.	III.
Kleber, Friedrich	N	1.10.78	do.	Saarlouis.	VIII.
Spitz, Jakob	N	1.10.80	do.	Coeln.	VIII.
Rühl, Georg	N	7.11.77	2.10.84	Hamburg.	IX.
Möller, Karl	N	2. 2.79	30.10.84	Rendsburg.	IX.
Thomsen, Peter	N	1. 3.78	28.11.84	Dessau.	IV.
Gärtner, Wilhelm	N	2. 2.77	28.12.84	Hamburg.	IX.
Döpke, Karl	N	1. 2.79	do.	Altona.	IX.
Hartleb, Friedrich	N	2. 2.79	do.	Hamburg.	IX.
Peters, Karl	N	1. 2.75	31. 1.85	Stettin.	II.
Lange, Friedrich	N	1.10.75	29. 3.85	Hamburg.	IX.
Viereck, Andreas	N	2. 2.78	do.	do.	IX.
Münster, Eduard	N	1. 2.78	do.	Frankfurt a. O.	III.

116 Seewehr.

Charge, Namen, Orden und Ehrenzeichen.	Marinestation.	Diensteintritt.	Datum der Ernennung.	Bezirkskommando.	Armeekorpsbezirk.
Smith, Thomas	N	2. 2. 76	29. 3. 85	Hamburg.	IX.
Strötzel, Lebrecht	N	1. 10. 75	do.	do.	IX.
Lühs, Heinrich	N	1. 2. 78	do.	Kiel.	IX.
Lehsten, Friedrich	N	16. 12. 79	do.	Hamburg.	IX.
Schönecke, August	N	2. 2. 78	28. 4. 85	do.	IX.
Otte, Friedrich	N	12. 2. 79	do.	do.	IX.
Pagendarm, Johann	N	1. 2. 80	do.	do.	IX.
Fendt, Heinrich	N	23. 12. 79	do.	do.	IX.
Gerlach, Karl	N	3. 2. 78	31. 5. 85	Bremen.	IX.
Hansch, Adolf	N	2. 2. 79	30. 6. 85	Borna.	XII.
Drogmöller, Heinrich	N	do.	do.	Hamburg.	IX.
Lorenz, Heinrich	N	20. 10. 79	do.	Schleswig.	IX.
Caspers, Johannes	N	2. 2. 76	30. 7. 85	Hamburg.	IX.
Caspers, Andreas	N	2. 2. 79	do.	do.	IX.
v. Rolf, Wenzel	N	1. 4. 78	18. 10. 85	Bielefeld.	VII.
Stehling, Bernhard	N	2. 2. 79	do.	Coeln.	VIII.
Fritsch, Richard	N	1. 2. 79	do.	Beuthen.	VI.
Butzkowsky, August	N	2. 2. 80	do.	Hamburg.	IX.
vom Lehn, Karl	N	2. 2. 79	30. 11. 85	Iserlohn.	VII.
Wittekind, Robert	N	2. 2. 80	23. 2. 86	Hamburg.	IX.
Nugel, Max	N	1. 2. 77	28. 2. 86	Cottbus.	III.
Schulz, Georg	N	25. 1. 80	do.	Hamburg.	IX.
Ventzlaff, Adolf	N	1. 10. 79	30. 3. 86	do.	IX.
Euler, Jean	N	2. 2. 80	30. ⎯ 37	Bremen.	IX.

Abg.: Unt.-Lieuts. z. S. d. Ref. Schulten (A. K.-O. v. 15. 11. 87) u. Dirks (A. K.-O. v. 17. 2. 87), Lieut. z. S. d. Seew. Dollmann u. Prem.-Lieut. d. Seew. d. Seebat. Müller (A. K.-O. v. 14. 5. 87), Stabs-Arzt d. Ref. Dr. Colb (A. K.-O. v. 3. 2. 87), Assist.-Arzt 1. Kl. d. Ref. Dr. Seibel (A. K.-O. v. 19. 5. 87) — b. Absch. bew.; Stabs-Ärzte d. Seew. Dr. Becher (A. K.-O. v. 21. 4. 87) u. Dr. Ziegler (A. K.-O. v. 1. 3. 87) b. Absch. m. d. Erl. z. Trag. d. bish. Unif. m. d. f. Berabsch. vorgeschr. Abz. bew.; Unt.-Ärzte d. Ref. Dr. Thaben u. Jürgens (29. 4. 87) z. Landsturm ausgesch.; Vize-Masch. d. Ref. Iversen (A. K.-O. v. 1. 3. 87) u. Bockholt (A. K.-O. v. 15. 8. 87) z. Masch.-Unt.-Ing. b. Ref., Vize-Masch. d. Seew. Effelborn (A. K.-O. v. 1. 8. 87) z. Masch.-Unt.-Ing. b. Seew. — bef.; Unt.-Lieut. z. S. d. Ref. v. Franckenberg, Assist.-Arzt 2. Kl. b. Ref. Dr. Doepner u. Mar.-Unt.-Zahlm. b. Seew. Weißer gest.

Liste

S. M. Schiffe und Fahrzeuge.

Schiffe und Fahrzeuge.

Namen.	Gehört zur Marineetat.	Geschütz= zahl.	Deplace= ment in Tonnen.	Indizirte Pferde= kräfte.	Besatzungs= etat.	Schiffs= klasse.	Gegenwärtige Verwendung.

1. Panzerschiffe.

Namen.	Gehört zur Marineetat.	Geschütz= zahl.	Deplace= ment in Tonnen.	Indizirte Pferde= kräfte.	Besatzungs= etat.	Schiffs= klasse.	Gegenwärtige Verwendung.
König Wilhelm	N	29	9757	8000	730	S. 1.	Reserve.
Kaiser	O	15	7676	8000	638	do.	do.
Deutschland	O	15	7676	8000	638	do.	do.
Friedrich d. Große	N	6	6770	5400	537	S. 2.	do.
Preußen	N	6	6770	5400	537	do.	do.
Friedrich Carl	N	16	6007	3500	531	do.	do.
Kronprinz	N	16	5568	4800	537	do.	do.
Bayern	O	6	7400	5600	356	S. 3.	Im Dienst, Kiel.
Sachsen	O	6	7400	5600	356	do.	Reserve.
Württemberg	O	6	7400	5600	356	do.	do.
Baden	O	6	7400	5600	356	do.	do.
Oldenburg	O	8	5200	3900	356	do.	do.
Hansa	O	8	3610	3000	398	do.	Wachtschiff zu Kiel.

2. Panzerfahrzeuge.

Namen.	Gehört zur Marineetat.	Geschütz= zahl.	Deplace= ment in Tonnen.	Indizirte Pferde= kräfte.	Besatzungs= etat.	Schiffs= klasse.	Gegenwärtige Verwendung.
Arminius	O	4	1583	1200	131	S. 4.	Reserve.
Wespe	N	1	1109	700	76	F. 1.	do.
Viper	N	1	1109	700	76	do.	do.
Biene	O	1	1109	700	76	do.	do.
Mücke	N	1	1109	700	76	do.	Im Dienst, Wilhh.
Skorpion	N	1	1109	700	76	do.	Reserve.
Basilisk	O	1	1109	700	76	do.	do.
Camaeleon	N	1	1109	700	76	do.	do.
Crocodill	O	1	1109	700	76	do.	do.
Salamander	N	1	1109	700	76	do.	do.
Natter	O	1	1109	700	76	do.	do.
Hummel	O	1	1109	700	76	do.	do.
Brummer	N	1	866	1500	73	do.	do.
Bremse	N	1	866	1500	73	do.	do.

Schiffe und Fahrzeuge.

Namen.	Gehört zur Marineetat.	Geschützzahl.	Deplacement in Tonnen.	Indizirte Pferdekräfte.	Besatzungs-etat.	Schiffs-klasse.	Gegenwärtige Verwendung.

3. Kreuzer-Fregatten.

Namen.							
Leipzig	N	12	3925	4800	434	S. 3.	Reserve.
Prinz Adalbert	O	12	3925	4800	434	do.	Schulgeschwader.
Charlotte	N	18	3360	3000	426	do.	Reserve.
Bismarck	N	16	2856	2500	403	do.	Kreuzergeschwader.
Moltke	O	16	2856	2500	403	do.	Schulgeschwader.
Stosch	N	16	2856	2500	403	do.	Reserve.
Gneisenau	O	16	2856	2500	403	do.	Schulgeschwader.
Stein	O	16	2856	2500	403	do.	do.

4. Kreuzer-Korvetten.

Namen.							
Prinzeß Wilhelm	N	14	4400	8000	320	S. 3.	In der Ausrüstung.
Irene	N	14	4400	8000	320	do.	do.
Alexandrine	N	14	2370	2400	267	S. 4.	Reserve.
Arcona	N	14	2370	2400	267	do.	do.
Carola	O	12	2169	2100	267	do.	Kreuzergeschwader.
Olga	O	12	2169	2100	267	do.	do.
Marie	N	12	2169	2100	267	do.	Reserve.
Sophie	N	12	2169	2100	267	do.	Kreuzergeschwader.
Freya	N	8	2017	2400	248	do.	Reserve.
Victoria	N	10	1825	1300	240	do.	do.

5. Kreuzer.

Namen.							
Schwalbe	O	8	1120	1500	114	F. 1.	In der Ausrüstung.
Adler	O	4	884	650	128	do.	Australische Station.
Möwe	O	5	848	600	128	do.	Ostafrikanische Station.
Habicht	N	5	848	600	128	do.	Westafrikanische Station.
Nautilus	O	4	716	600	115	do.	Ostafrikanische Station.

Schiffe und Fahrzeuge.

Namen.	Gehört zur Marineetat.	Geschützzahl.	Deplacement in Tonnen.	Indizirte Pferdekräfte.	Besatzungsetat.	Schiffsklasse.	Gegenwärtige Verwendung.
6. Kanonenboote.							
Eber	O	3	570	700	87	F. 2.	Australische Station.
Wolf	N	4	489	340	83	do.	Ostasiatische Station.
Hyäne	N	4	489	340	83	do.	Reserve.
Iltis	N	4	489	340	83	do.	Ostasiatische Station.
Cyclop	N	4	412	250	67	do.	Westafrikanische Station.
7. Avisos.							
Greif	N	2	2000	5400	141	F. 1.	Reserve.
Pfeil	N	5	1382	2700	127	do.	do.
Blitz	O	5	1382	2700	127	do.	do.
Wacht	N	3	1240	4000	126	do.	In der Ausrüstung.
Zieten	O	—	975	2350	111	do.	Reserve.
Grille	O	—	350	650	67	do.	do.
8. Schulschiffe und -Fahrzeuge.							
Mars	N	25	3333	2000	236	S. 2.	Artillerie-Schulschiff zu Wilhh.
Blücher	O	2	2856	2500	206	S. 3.	Torpedo-Schulschiff zu Kiel.
Niobe	O	10	1290	—	220	do.	Kadetten-Schulschiff, Reserve.
Nixe	O	10	1750	700	116	S. 4.	Schiffsjungen-Schulschiff (z. Zt. Wachtschiff i. Wilhh.).
Ariadne	O	9	1719	2100	124	do.	Schiffsjungen-Schulschiff, Ostamerikanische Station.
Luise	O	9	1719	2100	124	do.	Schiffsjungen-Schulschiff (z. Zt. zu Ablös.-Transporten verw.).
Rover	O	6	570	—	81	do.	Schiffsjungen-Schulschiff, Reserve.
Musquito	O	6	570	—	81	do.	Schiffsjungen-Schulschiff, Reserve.
Hay	N	—	203	160	40	F. 3.	Tender für das Artillerie-Schulschiff, Reserve.
Ulan	O	1	377	800	41	do.	Tender für das Torpedo-Schulschiff, Reserve.

Schiffe und Fahrzeuge.

Namen.	Gehört zur Marinestat.	Geschützzahl.	Deplacement in Tonnen.	Indizirte Pferdekräfte.	Besatzungsetat.	Schiffsklasse.	Gegenwärtige Verwendung.

9. Zu anderen Zwecken.

Hohenzollern	O	2	1700	3000	133	S. 4.	Kaiserl. Yacht, Reserve.
Falke	N	2	1018	1100	97	F. 1.	Reserve.
Albatroß	O	4	716	600	115	do.	Vermessungs-Fahrzeug.
Pommerania	O	2	400	700	66	F. 2.	do.
Loreley	N	3	398	350	57	do.	Stations-Fahrzeug in Constantinopel.
Drache	N	—	353	320	67	do.	Vermessungs-Fahrzeug.
Rhein	O	—	498	200	23	—	Minendampfer.
Otter	O	—	129	140	42	F. 3.	Reserve.
Nachtigal	—	—	—	—	—	—	Für den Dienst in Kamerun.

Anmerkung: In der Rubrik „Schiffsklasse" bezeichnet S. = „Schiff" und F. = „Fahrzeug"; die zugehörige Zahl bedeutet die Rangklasse der betreffenden Schiffe und Fahrzeuge.

Stäbe der in Dienst gestellten Schiffe und Fahrzeuge.

A. In außerheimischen Gewässern.

1) Auf der ostasiatischen Station.

S. M. Kbt. „Iltis".
Kombt.: Kapt.-Lieut. v. Eickstedt.
Erster Offiz.: Lieut. z. S. Merten.
Lieut. z. S. Briegleb.
Unt.-Lieut. z. S. Schultz.
Assist.-Arzt 1. Kl. Roth.
Mar.-Unt.-Zahlm. Grieb.
Ob.-Masch. Wessel.

S. M. Kbt. „Wolf".
Kombt.: Kapt.-Lieut. Jaeschke.
Erster Offiz.: Lieut. z. S. Kittsteiner.
Unt.-Lieut. z. S. Capelle II.
= = = Sthamer.
Assist.-Arzt 1. Kl. Dr. Dirksen I.
Mar.-Unt.-Zahlm. Köpcke II.
Ob.-Masch. Hill.

2) Auf der australischen Station.

S. M. Kreuzer „Adler".
Kombt.: Korv.-Kapt. v. Wietersheim.
Erster Offiz.: Kapt.-Lieut. Meuß.
Lieut. z. S. Caesar.
= = = Souchon.
Unt.-Lieut. z. S. Oelsner.
Assist.-Arzt 1. Kl. Dr. Tereszkiewicz.
Mar.-Unt.-Zahlm. Kasper.
Masch. Schamp.

S. M. Kreuzer „Albatroß".
(Auf der Heimreise.)
Kombt.: Korv.-Kapt. v. Frantzius.
Erster Offiz.: Kapt.-Lieut. Kretschmann.
Lieut. z. S. Dähnhardt.
Unt.-Lieut. z. S. Trummler.
= = = Weniger.

Stabs-Arzt Dr. Bliebung.
Mar.-Unt.-Zahlm. Jahn.
Masch. Pasche.

S. M. Kbt. „Eber".
Kombt.: Kapt.-Lieut. Bethge.
Erster Offiz.: Lieut. z. S. Emsmann.
Lieut. z. S. v. Ernsthausen.
Unt.-Lieut. z. S. Gaedeke.
Assist.-Arzt 1. Kl. Dr. Machenhauer.
Mar.-Unt.-Zahlm. Kunze.
Ob.-Masch. Teuber.

3) Auf der ostamerikanischen Station.

S. M. S. „Ariadne".
(Schiffsjungen-Schulschiff.)
Kombt.: Kapt. z. S. Barandon.
Erster Offiz.: Kapt.-Lieut. Gruner.
Kapt.-Lieut. Mittler.
Lieut. z. S. Walther.
= = = Nissen.
= = = Wilken.
Unt.-Lieut. z. S. Papen.
= = = Gr. v. Platen zu Hallermund.
Stabs-Arzt Dr. Brandstaeter.
Mar.-Unt.-Zahlm. Teßmar.
Mar.-Pfarrer Zierach.
Ob.-Masch. Hoffmann II.

4) Auf der westamerikanischen Station.
vakat.

Stäbe der in Dienst gestellten Schiffe und Fahrzeuge.

5) Auf der ostafrikanischen Station.

S. M. Kreuzer „Möwe".
Kombt.: Korv.-Kapt. Boeters.
Erster Offiz.: Lieut. z. S. Ferber.
Lieut. z. S. Deubel.
= = Koch II.
= = Jacobson.
Assist.-Arzt 1. Kl. Dr. Koch.
Mar.-Unt.-Zahlm. Heppner.
Ob.-Masch. Brand.

S. M. Kreuzer „Nautilus".
Kombt.: Kapt.-Lieut. v. Hoven.
Erster Offiz.: Kapt.-Lieut. Wahrendorff.
Lieut. z. S. v. Pustau.
= = v. d. Osten.
Unt.-Lieut. z. S. Kirchhoff.
Assist.-Arzt 1. Kl. Dr. Weidenhammer.
Ob.-Masch. Strothmann.
Zahlm.-Aspt. Barth.

6) Auf der westafrikanischen Station.

S. M. Kreuzer „Habicht".
Kombt.: Korv.-Kapt. v. Schuckmann II.
Erster Offiz.: Kapt.-Lieut.
Gr. v. Baudissin.
Lieut. z. S. Gr. v. Oriola.
= = Kaiser I.
Unt.-Lieut. z. S. Koch IV.
Assist.-Arzt 1. Kl. Dr. Dammann.
Ob.-Masch. Möllhoff.
Zahlm.-Aspt. Niedermeyer.

S. M. Kbt. „Cyclop".
Kombt.: Kapt.-Lieut. Schneider.
Erster Offiz.: Lieut. z. S. Schack.
Lieut. z. S. Voit.
= = Marwede.
Assist.-Arzt 1. Kl. Lerche.
Masch. Hoffmann.
Zahlm.-Aspt. Struwe.

S. M. Kreuzerkorvette „Luise".
(Auf der Heimreise.)
Kombt.: Korv.-Kapt. Claußen v. Finck.
Erster Offiz.: Kapt.-Lieut. v. Halfern.
Kapt.-Lieut. Krieg.
Lieut. z. S. Ingenohl.
= = van Semmern.
= = v. Burski.
= = Schliebner.
= = v. Mittelstaedt.
= = Bossart.
Assist.-Arzt 1. Kl. Dr. Olshausen.
Mar.-Unt.-Zahlm. Szczobrowski.
Ob.-Masch. Haase.

7) Kreuzergeschwader.

S. M. Kreuzerfregatte „Bismarck".

a. Geschwaderstab.

Geschw.-Chef: Kapt. z. S. u. Kommodore
Heusner.
Flagg-Lieut.: Kapt.-Lieut. Müller.
Geschw.-Arzt: Ob.-Stabs-Arzt 2. Kl.
Dr. Diehl.
Geschw.-Audit.: Stat.-Audit. Anschütz.
Geschw.-Zahlm.: Mar.-Zahlm. Kielhorn.
Geschw.-Pfarrer: Mar.-Pfarrer Wangemann (an Bord S. M. S. „Sophie" eingeschifft).

b. Schiffsstab.

Kombt.: Kapt. z. S. Kuhn.
Erster Offiz.: Kapt.-Lieut. Schmidt.
Kapt.-Lieut. v. Arnoldi.
Lieut. z. S. Schönfelder I.
= = Heintzmann.
= = Schneider.
= = Geßler.
= = v. Holleben.
= = Schütz.
= = Glatzel.
Masch.-Ing. Johannsen.
Ob.-Stabs-Arzt 2. Kl. Dr. Diehl
(s. Geschwaderstab).
Assist.-Arzt 1. Kl. Dr. Ilse.
Mar.-Zahlm. Kielhorn (s. Geschwaderstab).

S. M. Kreuzerkorvette „Carola".

Kombt.: Korv.=Kapt. Aschmann.
Erster Offiz.: Kapt.=Lieut. Lavaud.
Kapt.=Lieut. Pohl.
Lieut. z. S. Bauendahl.
 = = Schönfelder II.
 = = Rochlitz.
 = = Gr. v. Hessenstein.
Unt.=Lieut. z. S. Schäfer II.
Masch.=Unt.=Ing. Kählert.
Stabs=Arzt Dr. Schmidt.
Mar.=Unt.=Zahlm. Lehmann.

S. M. Kreuzerkorvette „Olga".

Kombt.: Korv.=Kapt. Strauch.
Erster Offiz.: Kapt.=Lieut. Fischer.
Kapt.=Lieut. Ehrlich II.
Lieut. z. S. Eckardt.
 = = Spengler.
Unt.=Lieut. z. S. Schirmer.
 = = = Sieger.
 = = = Burchard.
Stabs=Arzt Elste.
Mar.=Unt.=Zahlm. Thiede.
Ob.=Masch. Großmann.

S. M. Kreuzerkorvette „Sophie".

Kombt.: Korv.=Kapt. Cochius.
Erster Offiz.: Korv.=Kapt. Kohlhauer.
Kapt.=Lieut. Wittmer.
Lieut. z. S. Kalau vom Hofe.
 = = Bahlcke.
Unt.=Lieut. z. S. Berger.
 = = = Simon.
 = = = Hintze.
Masch.=Unt.=Ing. Lehmann.
Stabs=Arzt Niemann.
Mar.=Unt.=Zahlm. Sturz.
Mar.=Pfarrer Wangemann (f. Ge=
 schwaderstab).

8) Auf der Mittelmeer-Station.

S. M. Fahrzeug „Loreley".

Kombt.: Kapt.=Lieut. Frhr. v. Lyncker.
Erster Offiz.: Lieut. z. S. Engel I.
Unt.=Lieut. z. S. v. Rebeur=Paschwitz.
Assist.=Arzt 2. Kl. Thalen.
Ob.=Masch. Hempel.
Zahlm.=Aspt. Gelbricht.

9) Schulgeschwader.
(Atlantik.)

S. M. Kreuzerfregatte „Stein".

a. Geschwaderstab.

Geschw.=Chef: Kontr.=Adm. v. Kall.
Flagglieut.: Lieut. z. S. Braun.
Geschw.=Arzt: Ob.=Stabs=Arzt 2. Kl.
 Dr. Kunzen.
Geschw.=Zahlm.: Mar.=Zahlm. Wachs=
 mann.

b. Schiffsstab.

Kombt.: Kapt. z. S. Schulze.
Erster Offiz.: Kapt.=Lieut. Galster I.
Kapt.=Lieut. Köllner.
 = = Palmgrén.
Lieut. z. S. Jacobsen.
 = = Bredow.
 = = v. Levetzow.
 = = Falkenthal.
Unt.=Lieut. z. S. Hipper.
 = = = Riedel.
 = = = Wurmbach.
 = = = v. Biskupski.
 = = = v. Zitzewitz.
Seekadett v. d. Osten.
 = Pindter.
 = Timme.
 = v. Abeken.
 = Hartog.
 = Lange.
 = Werner.
 = Engelhard.
 = Sievers.
 = Feldt.
 = Siegmund.
 = Oltmann.
 = Frhr. v. Diepenbroick=Grüter.
Sek.=Lieut. i. Seebat. Becker.
Masch.=Unt.=Ing. Bartsch.
Ob.=Stabs=Arzt 2. Kl. Dr. Kunzen (f.
 Geschwaderstab).
Assist.=Arzt 1. Kl. Dr. Dirksen II.
Mar.=Zahlm. Wachsmann (f.Geschwader=
 stab).

S. M. Kreuzerfregatte „Gneisenau".

Kombt.: Kapt. z. S. Thomsen.
Erster Offiz.: Kapt.-Lieut. v. Kries.
Kapt.-Lieut. Westphal.
= = Ehrlich I.
Lieut. z. S. Paschen II.
= = Schwartzkopff.
= = Josephi.
= = Jantzen I.
Unt.-Lieut. z. S. Stechow.
= = = Hildebrand.
= = = Brüll.
Seekadett v. Uslar.
= Bechtel.
= Gr. v. Bassewitz.
= Kutscher.
= Kloebe I.
= Ehrhardt.
= Langemak.
= Rollmann.
= Minlos.
= Bertram.
= v. Reuter.
= v. Meyerinck.
= Albinus.
Sek.-Lieut. i. Seebat. Eben.
Masch.-Unt.-Jng. Nasser.
Stabs-Arzt Dr. Fritz.
Assist.-Arzt 1. Kl. Wefers.
Mar.-Zahlm. Faber.
Mar.-Pfarrer Ettel.

S. M. Kreuzerfregatte „Moltke".

Kombt.: Kapt. z. S. Dautwitz.
Erster Offiz.: Korv.-Kapt. Kirchhoff.
Kapt.-Lieut. Hüpeden.
Lieut. z. S. Derzewski.
= = Gercke II.
= = Boerner.
= = Koblitz.
= = Schlieper.
Unt.-Lieut. z. S. Wilbrandt.
= = = Schaumann II.
= = = Gotzhein.
= = = Jasper.
Seekadett Uthemann.
= Jörs.
= Dewitz.

Seekadett Heuser.
= Frhr. v. Keyserlingk.
= v. Trotha.
= Meurer.
= Hahn.
= v. Manteuffel.
= Scheunemann.
= Engels.
= v. Trützschler u. Falkenstein.
= v. Poser u. Groß-Nädlitz.
Sek.-Lieut. i. Seebat. v. Roques.
Masch.-Unt.-Jng. Merk.
Stabs-Arzt Dr. Düsterhoff.
Assist.-Arzt 2. Kl. Dr. Bonte.
Mar.-Unt.-Zahlm. Gericke.

S. M. Kreuzerfregatte „Prinz Adalbert".

Kombt.: Kapt. z. S. v. Pawelsz.
Erster Offiz.: Kapt.-Lieut. Thiele I.
Kapt.-Lieut. Plachte.
Lieut. z. S. Collas.
= = Dick.
= = v. Witzleben I.
= = Hecht.
= = Eckermann.
Unt.-Lieut. z. S. Block.
= = = Gr. v. Monts.
= = = Hebbinghaus.
= = = Witschel.
Seekadett Frhr. v. Rössing.
= Marks.
= Kühne.
= Ahlert.
= Liersemann.
= Deimling.
= Hollweg.
= v. Grumbkow.
= Krüger.
= Seiferling.
= Pohl.
= Kloebe II.
= Wedding.
= Valentiner.
Sek.-Lieut. i. Seebat. Frhr. v. Wangenheim.
Masch.-Jng. Mislisch.
Stabs-Arzt Prinz.
Assist.-Arzt 2. Kl. Dr. Lotsch.
Mar.-Zahlm. Herzog.

B. In heimischen Gewässern.

S. M. Panzerschiff „Hansa".
(Wachtschiff zu Kiel.)
Kombt.: Kapt. z. S. Junge.
Erster Offiz.: Kapt.-Lieut. Galster II.
Lieut. z. S. Stein.
= = Erckenbrecht.
= = Jacobs.
= = Stromeyer.
= = Musculus.
Unt.-Lieut. z. S. v. Kühlwetter.
Masch.-Ing. Franke.
Assist.-Arzt 1. Kl. Dr. Bürger.
Mar.-Unt.-Zahlm. Hensel.

S. M. S. „Nixe".
(Wachtschiff zu Wilhelmshaven.)
Kombt.: Kapt. z. S. Chüden.
Erster Offiz.: Kapt.-Lieut. Grätschel.
Lieut. z. S. Krause I.
= = v. Wimmer.
= = v. Möller II.
Unt.-Lieut. z. S. Nieten.
= = = Frieblaender.
= = = Fraissinet.
Assist.-Arzt 2. Kl. Dr. Wilm.
Mar.-Unt.-Zahlm. Woesner.
Ob.-Masch. Runge.

S. M. Panzerschiff „Bayern."
(Stammschiff der Reservedivision der Ostsee.)
Kombt.: Kapt. z. S. v. Kyckbusch.
Erster Offiz.: Korv.-Kapt. Becker.
Kapt.-Lieut. v. Basse.
Lieut. z. S. Gerstung.
= = Ludewig.
= = Krause II.
= = Kinderling.
= = Müller I.
Unt.-Lieut. z. S. Funke.
= = = Maaß.
= = = v. Studnitz.
= = = Starke.
= = = Schelle.
Masch.-Ing. Seltmann.
Assist.-Arzt 2. Kl. Dr. Erdmann.
Mar.-Zahlm. Bistram.

S. M. Panzerfahrzeug „Mücke".
(Stammschiff der Reservedivision der Nordsee.)
Kombt.: Korv.-Kapt. Hornung.
Lieut. z. S. Weyer.
= = Krüger.
= = Kölle.
Ob.-Masch. Wilke.
Zahlm.-Aspt. Sandquist.

S. M. S. „Mars".
(Artillerie-Schulschiff zu Wilhelmshaven.)
Kombt.: Kapt. z. S. Dietert.
Erster Offiz.: Kapt.-Lieut. Borckenhagen.
Kapt.-Lieut. Bröker.
= = Walther.
= = Grolp.
= = Meyer.
Lieut. z. S. Rampold. (f. Schiffsj.)
= = Mießner.
= = Buchholz.
= = Rieve. (f. Schiffsj.)
= = Zimmermann I. (desgl.)
= = Meurer. (desgl.)
Unt.-Lieut. z. S. Kendrick.
Assist.-Arzt 1. Kl. Hohenberg.
Mar.-Zahlm. Ringe.
Ob.-Masch. Husemeyer.

S. M. S. „Blücher".
(Torpedo-Schulschiff zu Kiel.)
Kombt.: Korv.-Kapt. v. Ahlefeld.
Erster Offiz.: Kapt.-Lieut. Becker.
Kapt.-Lieut. v. Heeringen.
Lieut. z. S. Weber.
= = Schäfer I.
= = Borgnis.
Unt.-Lieut. z. S. Schrader.
Torp.-Ing. Voigt.
Masch.-Unt.-Ing. Hestermann.
Torp.-Unt.-Ing. Diegel.
Mar.-Zahlm. Bertrand.

S. M. Torpedoboot „S. 5".
Kombt.: Lieut. z. S. Wilde.

S. M. Torpedoboot „S. 37".
Kombt.: Lieut. z. S. Nickel.

S. M. Torpedoboot „S. 2".
Kombt.: Lieut. z. S. Poschmann.

S. M. Torpedoboot „S. 41".

Alphabetisches Namenverzeichniß.

A.

v. Abeken, Seekad. 58. 124
Achenwall, Ob.-Masch. 86
Abers, Unt.-Lieut. z.S. 28. 55
v. Ahlefeld, Korv.-Kapt. 22. 39. 126
Ahlert, Seekad. 58. 125
Ahrens, Steuerm. 90
Dr. Albath, Int.-Assessor u. Sek.-Lieut. b. Res. 31. 79. 105
Alberts, Unt.-Lieut. z.S. 12. 54
Albinus, Seekad. 58. 125
Albrecht, Sek.-Lieut. b. Res. 105
— Mar.-Ob.-Zahlm. 12. 74
Allzeit, Ob.-Feuerw. 96
v. Ammon, Unt.-Lieut. z. S. 28. 55
Anders, Meister 94
Dr. Andresen, Assist.-Arzt 1. Kl. b. Res. 107
Anschütz, Stat.-Audit. 15. 78. 123
v. Arend, Kapt.-Lieut. 18. 44
Arendt, Dr., Assist.-Arzt 1. Kl. 72
— Rend. 31. 80
— Ob.-Feuerw. 95
Arenhold, Lieut. z. S. b. Res. 103
Dr. Arenth, Int.-Rath u. Prem.-Lieut. b. Seew. 30. 79. 113
Dr. Arimond, Assist.-Arzt 2. Kl. 73
v. Arnim, Korv.-Kapt. 7. 37
v. Arnoldi, Kapt.-Lieut. 42. 123
Arp, Masch. b. Seew. 115
Artl, Feuerw. 97
Aschenborn, Kapt. z.S. 11. 36
Ascher, Kapt.-Lieut. 18. 42
Aschmann, Korv.-Kapt. 37. 124
Asmus, Physiker 9
Aßmann, Masch.-Ing. 17. 65
— Maschb.-Ob.-Ing. 24. 82

B.

Bachem, Lieut. z. S. 16. 47
Bachmann, Lieut. z. S. 25. 49
Back, Unt.-Lieut. z. S. 16. 54
Dr. Backhaus, Professor 27
Bäcker, Ob.-Meister 94
Baetge, Mar.-Zahlm. 16. 75
Dr. Bäuerlein, Ob.-Stabs-Arzt 1. Kl. 70
Bahlcke, Lieut. z. S. 51. 124
Bahle, Vize-Masch. b. Res. 110
Ballach, Ob.-Meister 94
Ballerstädt, Masch.-Ing. 13. 64
Bantleon, Masch. 93
Barandon, Kapt. z. S. 36. 122
Barends, Masch. b. Seew. 115
Dr. Bartels, Assist.-Arzt 1. Kl. b. Seew. 114
Barth, Masch.-Unt.-Ing. 21. 66
— Zahlm.-Aspt. 101. 123
Bartsch, Masch.-Unt.-Ing. 66. 124
— Schiffsb.-Ob.-Ing. 25. 81
— Steuerm. 90
Bartz, Mar.-Zahlm. 74
— Geh. Registr. 10
Baske, Feuerw. 97
v. Basse, Kapt.-Lieut. 45. 126
Dr. Baffenge, Assist.-Arzt 1. Kl. 72
v. Bassewitz, Lieut. z. S. 21. 48
Gr. v. Bassewitz, Seekad. 58. 125
Batsch, Vize-Adm. z. D. 57
Baud, Abm.-Rath und Masch.-Dir. 26. 81
Gr. v. Baudissin, Korv.-Kapt. 13. 39
— - — Kapt.-Lieut. 44. 123
Bauenbahl, Lieut. z. S. 47. 124
Bauer, Lieut. z. S. 14. 50
Dr. van Bebber, Abth.-Vorst. 29

Bechtel, Seekad. 58. 125
Beck, Maschb.-Ob.-Ing. 25. 82
— Ob.-Mechan. 99
Becker, Korv.-Kapt. 39. 126
— Kapt.-Lieut. 43. 126
— Lieut. z. S. 20. 49. 126
— Sek.-Lieut. 63. 124
— Dr., Assist.-Arzt 1. Kl. b. Res. 106
— Mar.-Unt.-Zahlm. 76
Beckers, Masch.-Ing. 17. 66
Becks, Kapt. z. S. z. D. 24
Beeck, Masch. b. Res. 110
Begas, Unt.-Lieut. z. S. 12. 55
Behm, Unt.-Lieut. z. S. 17. 53
— Ob.-Feuerw. 97
Behncke, Unt.-Lieut. z. S. 16. 54
Behrens, Ob.-Masch. 85
Behring, Unt.-Lieut. z. S. 12. 54
Bendemann, Kapt. z. S. 12. 36
Bendfeldt, Unt.-Lieut. z.S. b. Res. 103
Benduhn, Vize-Masch. b. Res. 110
Benetsch, Geh. exped. Sekr. 9
Benkendorff, Steuerm. 84
v. Bentheim, Unt.-Lieut. z. S. 14. 53
Benzler, Lieut. z. S. 12. 46
Berger, Unt.-Lieut. z. S. 52. 124
— Meister 88
Bergmann, Ob.-Feuerw. 97
— Masch. 87
Bergner, Vize-Masch. b. Res. 110
Berkhahn, Zahlm.-Aspt. 101
Berkholz, Masch. b. Seew. 115
Berking, Zeug-Lieut. 19. 68
Bernd, Geh. Abm.- u. vortr. Rath 8
— Materialienverw. 89
Berner Geh. exped. Sekr. u. Kalkul. 10

	Seite
Berninghaus, Unt.-Lieut. z. S.	19. 53
Gr. v. Bernstorff, Lieut. z. S.	18. 47
Dr. Bertheau, Assist.-Arzt 1. Kl. b. Res.	106
Bertram, Unt.-Lieut. z. S.	28. 55
— Seekad.	58. 125
— Maschb.Ing. u. Prem.-Lieut. b. Seew.	24. 82. 113
Bertrand, Mar.-Zahlm.	75. 126
Bethge, Kapt.-Lieut.	40. 122
— Lieut. z. S.	16. 52
Beuß, Torp.	99
Beyer, Ob.-Bootsm.	84
Beykirch, Mar.-Unt.-Zahlm.	13. 76
Dr. Biedermann, Assist.-Arzt 2. Kl. b. Res.	107
Bier, Mar.-Pfarrer	15. 77
— Assist.-Arzt 2. Kl. b. Res.	108
v. Bierbrauer-Brennstein, Lieut. z. S.	16. 46
Birkenbusch, Feuerw.	96
Bischof, Assist.-Arzt 1. Kl.	72
Dr. Biskupski, Stabs-Arzt b. Seew.	114
v. Biskupski, Unt.-Lieut. z. S.	54. 124
Bistram, Mar.-Zahlm.	74. 126
v. Blanc, Vize-Adm.	11. 34
Blaß, Unt.-Lieut. z. S. b. Res.	103
Blauert, Materialien-verw.	95
Dr. Bliebung, Stabs-Arzt	72. 122
Block, Unt.-Lieut. z. S.	53. 125
— Zahlm.-Aspt.	101
Blomeyer, Unt.-Lieut. z. S	28. 56
Bock, Steuerm.	90
— Torp.	99
Bockhott, Masch.-Unt.-Ing. b. Res.	105
Bode, Unt.-Lieut. z. S.	18. 54
— Sek.-Lieut.	13. 28. 62
— Masch.	92
Frhr. v. Bodenhausen, Korv.-Kapt.	8. 37
Boedicker, Unt.-Lieut. z. S.	28. 55

	Seite
Dr. Börgen, Professor	9
Boerner, Lieut. z. S.	48. 125
Boesecke, Masch.	92
Boeters, Korv.-Kapt.	37. 123
Böttcher, Bootsm.	85
Böttge, Sek.-Lieut. b. Res.	105
Bohm, Ob.-Bootsm.	90
du Bois, Kapt.-Lieut.	12. 42
— Ob.-Meister	88
Boldt, Masch. b. Res.	109
Bolzenthal, Rechn.-Rath	9
Dr. Bonte, Assist.-Arzt 2. Kl.	73. 125
Bootsmann, Steuerm.	90
Bordenhagen, Kapt.-Lieut.	41. 126
Borgnis, Lieut. z. S.	52. 126
v. Born, Unt.-Lieut. z. S.	18. 53
Bornmüller, Kad.	60
Bornowski, Ob.-Feuerw.	97
Dr. Bornträger, Stabs-Arzt	71
Bossart, Lieut. z. S.	52. 123
Bouricke, Geh. Kanzl.-Insp.	10
Boy, Masch. b. Res.	110
Boyens, Unt.-Arzt b. Res.	108
Boyes, Unt.-Lieut. z. S.	28. 55
Bräunig, Masch.-Ing.	13. 64
Brand, Ob.-Masch.	85. 123
Dr. Brandstaeter, Stabs-Arzt	71. 122
Brandt, Zeug-Hauptm.	19. 68
— Feuerw.-Hauptm.	26. 67
— Dr., Professor	27
Braselmann, Vize-Masch. b. Res.	110
Braun, Lieut. z. S.	49. 124
— Mar.-Unt.-Zahlm.	14. 76
Dr. Braun, Ob.-Stabs-Arzt 2. Kl.	32. 70
v. Brause, Kad.	60
Bredow, Lieut. z. S.	48. 124
v. Bredow, Lieut. z. S.	17. 49
Breidbach, Mechan.	100
Breidenbach, Ob.-Masch.	86
Breitenstein, Masch.	92
Brennig, Unt.-Arzt b. Res.	109
Breusing, Kapt.-Lieut.	7. 42
Briegleb, Lieut. z. S.	52. 122
Brinkmann, Kapt.-Lieut.	12. 43
Brinkmann, Lieut. z. S.	12. 49

	Seite
Brinkmann, Schiffsb.-Ing.	26. 82
Brix, Geh. Adm.- u. vortr. Rath	8
Bröker, Kapt.-Lieut.	42. 126
v. Bronikowski, s. v. Oppeln.	
Bruch, Lieut. z. S.	18. 49
Brüll, Unt.-Lieut. z. S.	53. 125
Brümmer, Sek.-Lieut. b. Res.	105
Brüning, Masch.	87
— Meister	94
Dr. Bruhn, Assist.-Arzt 2. Kl. b. Res.	108
Dr. Brunhoff, Stabs-Arzt	18. 71
Brunswick, Vize-Masch. b. Seew.	115
Brussatis, Lieut. z. S.	13. 46
v. Buchholz, s. Glomsda v.	
Buchholz, Lieut. z. S.	51. 126
Budding, Stabs-Ing.	11. 13. 64
Büchsel, Korv.-Kapt.	14. 37
Bülow, Ob.-Feuermeister	87
v. Bülow, Sek.-Lieut.	17. 62
Dr. Bürger, Assist.-Arzt 1. Kl.	72. 126
Büsing, Masch.	92
Bütom, Geh. Rechn.-Rath	9
Bugge, Garnisonb.-Ob.-Ing.	31. 80
Buhr, Meister	94
Bunge, Zahlm.-Aspt.	101
v. Bunsen, Lieut. z. S.	24. 47
Burchard, Unt.-Lieut. z. S.	54. 124
— Kad.	60
Burchardt, Unt.-Lieut. b. Res.	108
Burich, Korv.-Kapt.	14. 39
v. Burski, Lieut. z. S.	49. 123
Busley, Maschb.-Ing.	25. 27. 28. 29. 82
Buschmann, Masch.-Unt.-Ing.	13. 64
zum Puttel, Feuerw.	96
v. Buttlar, s. Frhr. Treusch v.	
Butzkowski, Masch. b. Seew.	116

C.

Caesar, Lieut. z. S.	51. 122
Capelle I., Lieut. z. S.	15. 46
— II., Unt.-Lieut. z. S.	52. 122

129

Dr. Caplick, Assist.-Arzt
1. Kl. b. Res. 106
v. Caprivi, Gen.-Lieut. u.
Chef b. Adm. 7
Caspers, Masch. b. Seew. 116
Dr. Caspersohn, Assist.-Arzt 2. Kl. b. Res. 108
Casten, Bootsm. 85
Christen, Bootsm. 85
— Masch. b. Seew. 115
Christiani, Kanzl.-Rath 10
Chüben, Kapt. z. S. 36. 126
Claus, Vize-Masch. b. Res. 110
Dr. Clauffen, Assist.-Arzt 1. Kl. b. Res. 106
Clauffen v. Finck, Korv.-Kapt. 37. 123
Clemens, Unt.-Lieut. z. S. 16. 54
Cochius, Korv.-Kapt. 37. 124
v. Cölln, Int.-Res. u. Sek.-Lieut. b. Res. 30. 79. 105
— Masch. 87
Coerper, Kapt.-Lieut. 27. 45
Coler, Mar.-Zahlm. 27. 74
Collas, Lieut. z. S. 46. 125
Collignon, Masch. b. Seew. 114
v. Colomb, Lieut. z. S. 21. 47
Cornelsen, Masch. b. Res. 111
Corwes, Feuermeister 88
Cosack, Unt.-Lieut. z. S. b. Res. 104
Cossmann, Kapt.-Lieut. 27. 44
v. Cotzhausen, Lieut. z. S. 18. 50
Cramer, Mechan. 100
Crebner, Kapt.-Lieut. 8. 42
— Kad. 61
Dr. Creutzfeld, Assist.-Arzt 1. Kl. b. Res. 107
Dr. Cunz, Assist.-Arzt 1. Kl. b. Seew. 114
Czech, Unt.-Lieut. z. S. 17. 54

D.

Dähnhardt, Lieut. z. S. 51. 122
Dahl, Unt.-Lieut. z. S. b. Res. 104
— Masch. 87
Frhr. v. Dalwigk-Lichtenfels, Unt.-Lieut. z. S. 28. 56

v. Dambromski, Lieut. z. S. 49
Dame, Masch. b. Res. 111
Dr. Dammann, Assist.-Arzt 1. Kl. 72. 123
Damrath, Hauptm. 13. 28. 62
Danigel, Materialien-verw. 89
Dr. Danneel, Adm.-Rath 8
Darmer, Korv.-Kapt. z. D. 15
v. Daffel I., Lieut. z. S. 12. 47
= II., Lieut. z. S. 16. 49
Dau, Feuerw.-Prem.-Lieut. 26. 67
Dautwitz, Kapt. z. S. 37. 125
Dr. Davids, Assist.-Arzt 1. Kl. 72
Deimling, Seekad. 58. 125
Deinhard, Kontre-Adm. 15. 34
Denecke, Unt.-Lieut. z. S. b. Res. 104
Derzewski, Lieut. z. S. 46. 125
Determeyer, Vize-Masch. b. Res. 110
Detring, Hauptm. 7. 33
Deubel, Lieut. z. S. 48. 123
Dewitz, Seekad. 58. 125
Dick, Lieut. z. S. 49. 125
v. Diederichs, Kapt. z. S. 27. 36
Diederichsen, Korv.-Kapt. 23. 38
Diegel, Torp.-Unt.-Ing. 66. 126
Dr. Diehl, Ob.-Stabs-Arzt 2. Kl. 70. 123
Dienemann, Masch. 86
Frhr. v. Diepenbroick-Grüter, Seekad. 59. 124
Frhr. v. Diergardt, Kapt.-Lieut. b. Seew. 112
Dierich, Sek.-Lieut. b. Seew. 113
Dietert, Kapt. z. S. 36. 126
Dietrich, Geh. Adm.- u. vortr. Rath 8
Dietrichs, Zahlm.-Aspt. 101
Dinklage, Abth.-Vorst. 29
Dr. Dippe, Stabs-Arzt 71
Dr. Dirksen I., Assist.-Arzt 1. Kl. 72. 122
— II., Assist.-Arzt 1. Kl. 72. 124
Dittmer, Kapt. z. S. z. D. 11

Dittrich, Masch.-Unt.-Ing. 21. 66
Dr. Dobbert, Assist.-Arzt 1. Kl. b. Res. 106
Dobratz, Ob.-Bootsm. 89
Dr. Doehle, Assist.-Arzt 1. Kl. b. Res. 106
Döphe, Masch. b. Seew. 115
Dolega, Masch. 92
Dombrowsky, Mar.-Ob.-Zahlm. 31. 74
Domeier, Geh. Adm.-Rath u. Mar.-Intendant 15. 31. 79
Donner, Korv.-Kapt. 11. 40
Dormann, Mechan. 100
Dräger, Kapt.-Lieut. 24. 40
Dregler, Mar.-Zahlm. 15. 16. 74
Dr. Dreifing, Stabs-Arzt 21. 71
v. Dresky, Kapt.-Lieut. 13. 42
Dreßler, Torp.-Unt.-Lieut. 22. 69
Drogmöller, Masch. b. Seew. 116
Dr. Droft, Assist.-Arzt 1. Kl. b. Seew. 114
Dübel, Maschb.-Ob.-Ing. 26. 82
Dücker, Lieut. z. S. b. Res. 103
Dr. Düsterhoff, Stabs-Arzt 71. 125
Dunbar, Lieut. z. S. 17. 50
Dyes, Kad. 60

E.

Eben, Sek.-Lieut. 63. 125
Ebermaier, Assist.-Arzt 2. Kl. b. Res. 107
Ebert, Feuerw.-Hauptm. 26. 67
Eckardt, Lieut. z. S. 47. 124
Eckermann, Lieut. z. S. 52. 125
Eckert, Ob.-Masch. 85
Egger, Torp.-Unt.-Ing. 22. 66
Eggert, Masch.-Unt.-Ing. 21. 65
— Masch. b. Res. 110
Egidi, Ob.-Torp. 98

130

Dr. Ehlers, Assist.-Arzt
2. Kl. b. Res. 107
Ehlert, Feuermeister 88
v. Ehrenkrook, Korv.Kapt.
7. 38
Ehrenkönig, Masch.-Ing.
13. 29. 64
Ehrhardt, Seekad. 58. 125
Ehricht, Ob.-Masch.
Ehrlich I., Kapt.-Lieut. 44. 125
— II., Kapt.-Lieut. 45. 124
Eichel, Bootsm. 90
Eichholz, Masch. b. Res. 111
Eickenrobt, Maschb.-Ing.
8. 26. 83
v. Eickstedt, Kapt.-Lieut.
40. 122
Eiermann, Masch. 92
Eitner, Kad. 60
Eling, Masch. 86
Elfte, Stabs-Arzt 71. 124
Elze, Masch. 87
Elvers, Unt.-Lieut. z. S.
19. 53
Empson, Masch. b. Seem. 115
Emsmann, Lieut. z. S.
47. 122
Engel I., Lieut.z.S. 48. 124
— II., Unt.-Lieut. z. S.
28. 55
— Bootsm. 90
Engelhard, Seekad. 59. 124
Engelhardt, Unt.-Lieut.
z. S. 28. 56
Dr. Engelken, Unt.-Arzt
b. Res. 108
Engelking, Vize-Masch.
b. Res. 110
Engels, Seekad. 59. 125
Engler, Ob.-Meister 88
Erasmus, Meister 88
Erdenbrecht, Lieut. z. S.
47. 126
Dr. Erdmann, Assist.-
Arzt 2. Kl. 73. 126
Erbnütz, Geh. Kanzl.-Rath 10
Erhard, Masch.-Ing. 17. 66
Frhr. v. Erhardt, Korv.-
Kapt. 18. 23. 38
Ermisch, Ob.-Mechan. 99
v. Ernsthausen, Lieut. z. S.
50. 122
v. d. Esch, Sek.-Lieut. 17. 63
Dr. Eschenhagen, Assist. 9
Esselborn, Masch.-Unt.-
Ing. b. Seem. 113
Etienne, Kapt.-Lieut. 27. 45
Ettel, Mar.-Pfarrer 77. 125

v. Etzel, Prem.-Lieut. 14. 62
Euler, Masch. b. Seem. 116
Evert, Unt.-Lieut. z. S.
12. 55
Ewald, Geh. exped. Sekr.
u. Kalkul. 9
Ewel, Masch. b. Seem. 115
Eylert, Assist. 29
Dr. Eysoldt, Unt.-Arzt b.
Res. 108

F.

Fabel, Feuerw. 98
Faber, Lieut. z. S. 19. 46
— Mar.-Zahlm. 75. 125
Fabriz, Ob.-Torp. 98
Fähnbrich, Hauptm. 17. 62
Falkenthal, Lieut. z. S.
51. 124
Faust, Zahlm.-Aspt. 101
Fechter, Materialienverw. 95
Fedderfen, Masch.b.Res. 110
Feiland, Lieut. z. S.
b. Res. 103
Felberg, Kapt.-Lieut.
b. Seem. 112
Feldmann, Mar.-Unt.-
Zahlm. 76
Feldt, Seekad. 59. 124
v. Felgenhauer, Ob.-
Masch.- 91
Fellbaum, Hauptm. 23
Fendt, Masch. b. Seem. 116
Fenner, Ob.-Torp. 98
Ferber, Lieut. z. S. 46. 123
Feyerabend, Feuermeister 88
Fichtner, Mar.-Unt.-Zahlm.
18. 75
— Ob.-Mechan. 99
v. Finck, f. Claussen v.
Fingerhuth, Rend. 25. 83
Fischel, Korv.-Kapt. 21. 27.
28. 39
Fischer, Kapt.-Lieut. 42. 124
— Lieut. z. S. b. Seem. 113
— Sek.-Lieut. 14. 63
— Sek.-Lieut. b. Res. 105
— Dr., Stabs-Arzt 13. 71
— I., Assist.-Arzt 2. Kl. 73
— II., Dr., Assist.-Arzt
2. Kl. 73
— Mar.-Ob.-Zahlm. 74
— Feuerw. 96
— Feuermeister 88
Fiting, Ob.-Bootsm. 90
Flach, Sek.-Lieut. b. Res. 105
Flatters, Ob.-Masch. 91

Fleischer, Masch. b. Res. 110
Flichtenhöfer, Kapt.-Lieut.
16. 41
Floerke, Hauptm. 17. 62
Flohr, Unt.-Lieut. z. S.
b. Res. 104
Flothow, Kanzl.-Rath 10
Flügger, Masch.-Unt.-
Ing. 21. 65
Flugmacher, Bootsm. 90
Follenius, Kapt.-Lieut. 27
da Fonseca-Wollheim,
Kapt.-Lieut. 12. 41
Fontane, Masch.-Ing.
17. 65
Fornée, Masch.-Unt.-Ing.
17. 66
Forstreuter, Unt.-Lieut.
z. S. 28. 56
Foß, Korv.-Kapt. 27. 28. 39
Fraissinet, Unt.-Lieut.
z. S. 54. 126
Frank, Feuerw. 96
Franke, Masch.-Ing. 64. 126
v. Frantzius, Korv.-Kapt.
39. 122
Franz, Lieut. z. S. 12. 46
Franzius, Hafb.-Dir.
24. 26. 27. 81
Frauenknecht, Ob.-Bootsm.
89
Dr. Freife, Assist.-Arzt
1. Kl. b. Res. 106
Fremerey, Kad. 60
Fremke, Mechan. 99
Dr. Frenzel-Beyme,
Assist.-Arzt 2. Kl. 73
Frey, Unt.-Lieut. z. S.
28. 56
v. Freyhold, Sek.-Lieut.
14. 62
Frieblaender, Unt.-Lieut.
z. S. 54. 126
Friedrich, Lieut. z. S.
23. 46
Fritsch, Masch. b. Seem. 116
Fritz, Masch.-Unt.-Ing.
b. Res. 105
— Dr., Stabs-Arzt 71. 125
Fritze, Korv.-Kapt. 38
Fröhlich, Masch. 92
Fromm, Unt.-Lieut. z. S.
21. 53
— Lieut. z. S. b. Seem. 112
Frühsorger, Materialien-
verw. 89
Fuchs, Kapt.-Lieut. 15. 41
— Kad. 60

| | Seite | | Seite | | Seite |

Fuchs, Unt.-Lieut. z. S. b. Ref. 103
Funke, Unt.-Lieut. z. S. 53. 126

G.

Gabriel, Feuerw. 97
Gaedeke, Unt.-Lieut. z. S. 53. 122
Gärtner, Masch. b. Seew. 115
v. Gahlen, Unt.-Lieut. z. S. b. Ref. 103
Gallas, Materialienverw. 89
Galster I., Kapt.-Lieut. 40. 124
— II., Kapt.-Lieut. 40. 126
Gampenrieder, Unt.-Lieut. z. S. 19. 52
Gansch, Ob.-Masch. 91
Garbe, Masch.-Unt.-Ing. 13. 65
Gartke, Meister 88
Gebhardt, Schiffsb.-Dir. 24. 81
— Feuerw. 98
Gebhardtsbauer, Masch.-Ob.-Ing. 13. 64
Geerdts, Unt.-Arzt b. Ref. 108
Gehl, Torp.-Lieut. 18. 20. 69
Gehrmann, Masch. 86
v. Gehrmann, Kapt.-Lieut. 12. 42
Geiseler, Korv.-Kapt. 11. 38
Geißler, Korv.-Kapt. 8. 38
Gelbricht, Zahlm.-Aspt. 101. 124
Gemsky, Mar.-Unt.-Zahlm. 76
Geppert, Sek.-Lieut. 17. 63
Gercke I., Lieut. z. S. 12. 46
— II., Lieut. z. S. 47. 125
Gerdes, Lieut. z. S. 28. 49
Gericke, Mar.-Unt.-Zahlm. 76. 125
Gerig, Ob.-Steuerm. 84
Gerlach, Masch. b. Seew. 116
Gerstenberger, Ob.-Steuerm. 90
Gerstung, Lieut. z. S. 48. 126
Gertz, Kapt.-Lieut. 14. 41
Geßler, Lieut. z. S. 49. 123
Geßner, Prem.-Lieut. 17. 62
— Vize-Masch. b. Ref. 110

Gibhard, Masch. 93
Giese, Schiffsb.-Ing.- u. Sek.-Lieut. b. Seew. 26. 82. 113
Giesecke, Vize-Masch. b. Seew. 115
Gießler, Mechan. 100
Gilbemeister, Lieut. z. S. 27. 46
Dr. Glaevecke, Assist.-Arzt 1. Kl. b. Ref. 106
Glahn, Feuerw. 96
Glatzel, Lieut. z. S. 52. 123
Glenbenberg, Assist.-Arzt 2. Kl. b. Ref. 107
Dr. Globig, Stabs-Arzt 70
Glomsda v. Buchholtz, Kapt. z. S. 11. 35
Gnaß, Ob.-Meister 94
Goecke, Kapt.-Lieut. 16. 43
Goedel, Mar.-Pfarrer 15. 77
v. Görne, Hauptm. 13. 62
Görris, Abm.-Rath 8
— Masch.b.-Ing. 25. 82
Goerth, Ob.-Bootsm. 90
Goette, Lieut. z. S. 16. 51
— I., Kab. 60
— II., Kab. 60
Goetz, Kapt.-Lieut. 12. 44
Goetze, Ob.-Masch. 86
Frhr. v. d. Goltz, Kontre-Adm. 8. 34
Gottschalk, Masch.-Unt.-Ing. 13. 65
Gottschow, Mar.-Unt.-Zahlm. 76
Gotzhein, Unt.-Lieut. z. S. 54. 125
Grabosch, Ob.-Feuermeister 93
Graeber, Schiffsb.-Ing. 25. 82
Graefe, Masch. 92
Grätschel, Kapt.-Lieut. 41. 126
Grahl, Steuerm. 85
— Feuerw. 97
Grambow, Masch.b.Seew. 115
Granowski, Masch. b. Seew. 114
Grapow I., Lieut. z. S. 21.49
— II., Lieut. z. S. 12. 51
Grau, Masch. 87
Greifenhagen, Assist.-Arzt 2. Kl. 73
Greiser, Steuerm. 90
Gresser, Maj. 17. 31. 62

Grieb, Mar.-Unt.-Zahlm. 76. 122
Dr. Griebsch, Assist.-Arzt 2. Kl. 73
v. d. Gröben, Kapt.-Lieut. 18. 44
Grolp, Kapt.-Lieut. 45. 126
Gronemann, Mar.-Zahlm. 12. 75
Dr. Groppe, Stabs-Arzt 15. 16. 70
Groß, Ob.-Feuerw. 95
— Ob.-Bootsm. 90
Grosse, Unt.-Lieut. z. S. b. Ref. 104
Großmann, Ob.-Masch. 85. 124
Groth, Mar.-Zahlm. 75
Dr. Grotrian, Assist.-Arzt 1. Kl. 72
Grube, Masch. b. Ref. 111
Grüttner, Unt.-Lieut. z. S. 21. 54
Gruhl, Ob.-Torp. 98
v. Grumbkow, Seekad. 58. 125
Grumme, Lieut. z. S. 16. 50
Gruner, Kapt.-Lieut. 40.122
Gubewill, Unt.-Lieut. z. S. 28. 55
Gühler, Lieut. z. S. 16. 48
Gülich, Kapt.-Lieut. 27. 43
Günther, Lieut. z. S. b. Ref. 112
Dr. Gumbinner, Unt.-Arzt b. Ref. 108
Guntermann, Feuermeister 93
Gurisch, Geh. exped. Sekr. 9
Gurlt, Geh. Adm.- u. vortr. Rath 8
Gutt, Torp. 98
Dr. Gutschow, Ob.-Stabs-Arzt 1. Kl. 27. 70
Guyot, Wirkl. Adm.-Rath u. Schiffsb.-Dir. 26. 81

H.

Dr. Haacke, Assist.-Arzt 2. Kl. b. Ref. 107
Haarbe, Sek.-Lieut. b. Seew. 113
Haase, Ob.-Masch. 85. 123
— Feuerw. 96
Habicht, Torp. 99

	Seite
Hachmann, Masch.	86
Haffner, Masch.	87
Häpke, Rend. 24.	83
v. Haeseler, Kapt.=Lieut. 18.	44
Hagemeister, Zahlm.=Aspt.	101
Hahn, Lieut. z. S. b. Seew.	112
— Seekad. 59.	125
v. Halfern, Kapt.=Lieut. 42.	123
Haltermann, Assist.	29
Hanff, Feuerw.=Lieut. 19.	68
Hanig, Zeug=Hauptm. 19.	68
Hansch, Masch. b. Seew.	116
Hansen, Masch. b. Ref.	109
Dr. v. Harbou, Assist.=Arzt 1. Kl.	72
Harcken, Unt.=Arzt b. Ref.	108
Harcks, Feuerw.=Hauptm. 19.	67
Harder, Steuerm.	85
Harms, Kapt.=Lieut. 22.	44
Harnisch, Rechn.=Rath	9
Harthun, Ob.=Bootsm.	89
Hartleb, Masch. b. Seew.	115
Hartmann, Kapt.=Lieut. 21.	45
— Masch.=Unt.=Ing. b. Ref.	105
v. Hartmann, Hauptm. 13.	62
Hartog, Korv.=Kapt. 11.	37
— Seekad. 59.	124
Dr. Haßberg, Ob.=Real= schul=Lehrer	29
Haseloff, Materialien= verw.	95
Hasenclever, Kapt.=Lieut. 26.	40
Haspelmath, Geh. exped. Sekr. u. Kalkul.	10
Gr. v. Haugwitz, Korv.= Kapt. 11.	37
Hauser, Ob.=Bootsm.	84
Hausmann, Sek.=Lieut. 14.	63
Havemann, Feuerw.	97
Hebbinghaus, Unt.=Lieut. z. S. 54.	125
Hecht, Lieut. z. S. 52.	125
Hecker, Feuerw.=Prem.= Lieut. 18. 19.	67
Dr. Hecksteden, Assist.=Arzt 1. Kl. b. Seew.	114

	Seite
Heeren, Meister	94
v. Heeringen, Kapt.=Lieut. 45.	126
Hegener, Ob.=Mechan.	99
Heiber, Torp.=Kapt.=Lieut. 20. 29.	69
Heims, Mar.=Pfarrer 11.	77
Heindorff, Unt.=Lieut. z. S. b. Ref.	104
Heinrich, Rechn.=Rath 25.	83
— Masch.	86
Heintzmann, Lieut. z. S. 48.	123
Heitmann, Steuerm.	90
Hellfach, Mar.=Unt.= Zahlm. 18.	75
Hellhoff, Kapt.=Lieut. 13.	42
Hempel, Masch.=Unt.=Ing. 17.	66
— Ob.=Masch.	85
— Ob.=Masch. 91.	124
v. Henk, Kapt.=Lieut. 15.	41
Henkel, Lieut. z. S. 12.	51
Hennicke, Sek.=Lieut. b. Ref.	105
Hennings, Unt.=Lieut. z. S. 21.	53
— Dr., Assist.=Arzt 1. Kl. b. Ref.	106
Henrichsen, Assist.=Arzt 1. Kl. b. Seew.	114
Henrici, Assist.=Arzt 1. Kl. b. Ref.	106
Hensel, Mar.=Unt.=Zahlm. 75.	126
Heppner, Mar.=Unt.= Zahlm. 76.	123
Herbing, Korv.=Kapt. 15.	38
Hering, Kad.	60
Herres, Bootsm.	90
Herrguth, Feuerw.	96
Herrlotsch, Unt.=Lieut. z. S. 28.	55
Herrmann, Kapt.=Lieut. 18.	42
— Unt.=Lieut. z. S. 28.	56
— Lieut. z. S. b. Ref.	103
— Dr., Assist.	29
— Masch.	92
Herter, Masch.=Ing. 17.	65
Herz, Korv.=Kapt. 16.	38
— Dr., Justiz=Rath 15.	78
Gr. v. Herzberg, Prem.= Lieut. 14.	62
Herzog, Mar.=Zahlm. 74.	125
— Zahlm.=Aspt.	101
Hessemer, Masch.	87

	Seite
Hessen, Prinz Wilhelm v. Philippsthal=Barch= feld, H., Kontre=Adm.	33
Gr. v. Hessenstein, Lieut. z. S. 52.	124
Heßner, Kapt.=Lieut. 16.	40
Hestermann, Masch.=Unt.= Ing. 65.	126
Heuschmann, Unt.=Lieut. z. S. 16.	53
Heuser, Seekad. 58.	125
— Masch.	92
Heusner, Kapt. z. S. 35.	123
Heyler, Vize=Masch. b. Ref.	110
Heyn, Kapt.=Lieut. 27.	44
Hilbrand, Lieut. z. S. 18.	51
Hildebrand, Unt.=Lieut. z. S. 53.	125
— Int.=Rath 31.	79
Hildebrandt, Kapt.=Lieut. 9.	42
— Prem.=Lieut. 11.	62
— Unt.=Lieut. z. S. b. Seew.	112
— Kanzl.=Rath	9
— Ob.=Bootsm.	84
— Masch. b. Seew.	114
— Vize=Masch. b. Ref.	110
Hildemann, Sek.=Lieut.	23
Hill, Ob.=Masch. 91.	122
Hilverkus, Lieut. z. S. b. Ref.	104
Himer, Lieut. z. S. b. Seew.	113
Dr. Hinrichsen, Assist.=Arzt 1. Kl. b. Ref.	107
Hintz, Ob.=Meister	94
Hintze, Unt.=Lieut. z. S. 53.	124
— Geh. exped. Sekr. u. Kalkul.	9
v. Hippel, Unt.=Lieut. z. S. 28.	55
Hipper, Unt.=Lieut. z. S. 53.	124
Hirschberg, Korv.=Kapt. 23.	40
Hitzigrath, Geh. exped. Sekr. u. Kalkul.	9
Hobein, Lieut. z. S. 27.	46
Hoefer, Int.=Ref. u. Sek.= Lieut. b. Ref. 31. 79.	105
Dr. Höfling, Assist.=Arzt 1. Kl. b. Seew.	114
Höhne, Masch.	92
Höpfner, Kad.	60
— Dr., Assist.=Arzt 2. Kl. b. Ref.	107

133

	Seite		Seite		Seite
Hoepner, Lieut. z. S.	27. 46	Hoßfeld, Schiffsb.-Ob.-		Jantzen, Masch.-Unt.-Jng.	
Dr. Höring, Stabs-Arzt		Jng.	25. 81		13. 65
b. Seew.	114	v. Hoven, Kapt.-Lieut.		Jasper, Unt.-Lieut. z. S.	
Höse, Geh. Rechn.-Rath	10		40. 123		54. 125
Hoffert, Maschb.-Ob.-Jng.		Howe, Bootsm.	85	Jaursch, Materialienverw.	95
	26. 82	Huch, Vize-Masch. b. Ref.	110	Jebsen, Unt.-Lieut. z. S.	
Hoffmann, Kapt. z. S.	7. 36	Hübner, Lieut. z. S. b. Ref.	103	b. Ref.	104
— Lieut. z. S.	12. 50	— Geh. expeb. Sekr.	9	Jeczawitz, Steuerm.	85
— Dr., Unt.-Arzt	73	van Hüllen, Schiffsb.-Ob.-		Jeschke, Zahlm.-Aspt.	101
— Korv.-Kapt. a. D. u.		Jng.	25. 26. 81	Jeß, Lieut. z. S. b. Seew.	112
Bibliothekverw.	7	Hülpeben, Kapt.- Lieut.		Jhn, Kapt.-Lieut.	8. 40
— Mar.-Unt.-Zahlm.	30. 76		43. 125	Dr. Jlse, Assist.-Arzt	
— Kontr.	31	Dr. Huethe, Ob.-Stabs-			1. Kl. 72. 123
— I., Ob.-Masch.	85	Arzt 1. Kl. 11. 32. 70		Jngenohl, Lieut. z. S.	
— II., Ob.-Masch.	85 122	Hundt, Ob.-Feuermeister	87		47. 123
— Masch.	92. 123	Husemeyer, Ob.-Masch.		Jocke, Feuerw.	98
— Masch. b. Ref.	109		91. 126	Jörs, Seekad.	58. 125
— Ob.-Feuerw.	95	Huß, Lieut. z. S.	13. 52	Johannsen, Masch.-Jng.	
Gr. v. Hoffmannsegg,					66. 123
Unt.-Lieut. z. S.	13. 55	**J.**		— Assist.-Arzt 2. Kl. b. Ref.	108
Hoffmeyer, Kapt.-Lieut.	16. 41	Jachmann, Kapt.-Lieut.		John, Masch.	92
Hofmann, Sek.-Lieut.			13. 48	Johow, Schiffsb.-Jng. u.	
b. Ref.	105	v. Jachmann, Unt.-Lieut.		Unt.-Lieut. z. S. b. Ref.	
Hofmeier, Korv.-Kapt.	21. 39	z. S.	28. 56		25. 82. 104
Hohenberg, Assist.-Arzt		Jachynski, Kanzl.-Rath	10	Josephi, Lieut. z. S.	49. 125
1. Kl.	72. 126	Dr. Jacob, Stabs-Arzt		Jülkenbeck, Mar.-Pfarrer	
v. Holbach, Unt.-Lieut.		b. Seew.	114		15. 77
z. S.	28. 56	Jacobi, Kad.	60	Jürgens, Masch.	86
Holland, Masch.	92	Jacobs, Lieut. z. S.	51. 126	Junge, Kapt. z. S.	36. 126
Holländer, Masch.-Jng.	13. 64	Jacobsen, Lieut. z. S.	48. 124	— Int.-Referendar u.	
v. Holleben, Korv.-Kapt.		— Masch.	91	Sek.-Lieut. b. Ref.	
a. D.	27. 28	Jacobson, Lieut. z. S.			31. 79. 105
= — Lieut. z. S.	51. 123		52. 123	Junker, Masch.	87
Frhr. v. Hollen, Kapt. z. S.	23. 35	Jäckel, Kapt.-Lieut.	12. 43	Jversen, Masch.-Unt.-Jng.	
Hollmann, Kapt. z. S.	7. 35	Jähde, Ob.-Bootsm.	90	b. Ref.	105
Hollweg, Seekad.	58. 125	Jäger, Schiffsb.-Ob.-Jng.	26. 81		
Holz, Lieut z. S. b. Ref.	103	Jaenke, Mechan.	100	**K.**	
— Dr., Wirkl. Abm. u. vortr. Rath	8	Jaeschke, Kapt.-Lieut.	40. 122	Kabus, Int.-Referendar	30. 79
v. Holtzendorff, Kapt.-Lieut.	16. 43	Jahn, Assist.-Arzt 2. Kl.	73	Kählert, Masch.-Unt.-Jng.	65. 124
Holzhauer, Kapt.-Lieut.	27. 44	— Mar.-Zahlm.	76. 122	v. Raehne, Sek.-Lieut.	14. 63
Holzinger, Vize-Masch.		Janisch, Rechn.-Rath	26. 83	Rahnert, Materialienverw.	95
b. Ref.	110	Janke, Lieut. z. S.	18. 47		
Homuth, Masch.	87	— Schiffsb.-Jng.	26. 82	Kaiser I., Lieut. z. S.	51. 123
Hopman, Unt.-Lieut. z. S.	28. 55	Janns, Lieut. z. S.	19. 47	Kalau vom Hofe, Lieut.	
Hoppe, Steuerm.	90	Jannsen, Kad.	60	z. S.	46. 124
Horn, Masch.	92	Jansen, Unt.-Lieut. z. S. b. Ref.	103	v. Kalben, Unt.-Lieut. z. S.	28. 56
Hornung, Korv.-Kapt.	39. 126	— Feuermeister	93	v. Kall, Kontre-Abm.	34. 124
		— Vize-Masch. b. Seew.	115	v. Ramele, Sek.-Lieut.	17. 63
		Jantzen I., Lieut. z. S.	49. 125	Ramrath, Zeugfelbw.	102
		— II., Unt.-Lieut. z. S.	28. 56	Rannenberg, Zeug-Lieut.	19. 68

	Seite		Seite		Seite
Kapitzki, Masch.-Ob.-Ing.	15. 17. 65	Kleistendorf, Ob.-Materialienverw.	94	Koester, Kapt. z. S.	24. 35
Karcher, Kapt. z. S.	25. 35	Klette, Feuermeister	88	Röthner, Kapt.-Lieut. b. Seew.	112
Karpf, Kad.	60	Klimke, Geh. exped. Sekr. u. Kalkul.	9	Kohlhauer, Korv.-Kapt.	40. 123
Karst, Feuerw.	97	Klimpt, Masch.	92	Kohn, Steuerm.	90
Rasch, Schiffsb.-Ing.	25. 82	Klincksieck, Lieut. z. S.	12. 47	Kolbewey, Abth.-Vorst.	29
Rasper, Mar.-Unt.-Zahlm.	75. 122	Kloebe I., Seekad.	58. 125	Koopmann, Gymnas.-Lehrer	29
Kasten, Bootsm.	85	— II., Seekad.	58. 125	Kopp, Kad.	60
Katzung, Masch.	91	Klopsch, Feuerw.-Prem.-Lieut.	19. 67	v. Koppelow, Lieut. z. S.	18. 50
Kaufmann, Vize-Masch. b. Res.	110	Klückmann, Kanzl.-Rath	10	Korrmann, Materialienverw.	89
Kayser II., Lieut. z.S.	18. 52	Klug, Masch.	86	Korte, Mar.-Zahlm.	30. 74
Kehding, Rend.	30. 80	Kluge, Maj.	23	v. Koß, Kad.	60
Keich, Korv.-Kapt. z. D.	26	Knaack, Zahlm.-Aspt.	101	Kossow, Vize-Masch. b. Res.	110
Keller, Kad.	60	Knauer, Masch.	87	v. Kraewel, Masch.	86
Kelterborn, Bootsm.	90	Knauth, Feuerw.-Prem.-Lieut.	19. 67	Kraffel, Ob.-Meister	88
Kendrick, Unt.-Lieut. z. S.	55. 126	Knöppler, Ob.-Torp.	98	Krafft, Garnisonb.-Ob.-Ing.	30. 80
Keyl, Kad.	60	Knopf, Sek.-Lieut.	14. 28. 63	— Ob.-Torp.	98
Frhr. v. Keyserlingk, Seekad.	59. 125	Knorr, Kontre-Adm.	11. 34	Kraft, Unt.-Lieut. z. S.	17. 55
Kichhöfel, Torp.-Unt.-Lieut.	22. 69	Knothe, Ob.-Bootsm.	89	Kraul, Feuermeister	93
Kiehl, Sek.-Lieut. b. Res.	105	Roblitz, Lieut. z. S.	49. 125	Krause I., Lieut. z. S.	48. 126
Kielhorn, Mar.-Zahlm.	74. 123	Koch, Korv.-Kapt.	11. 37	— II., Lieut. z. S.	50. 126
Kienel, Kad.	60	— I., Lieut. z. S.	50	— Unt.-Lieut. z. S. b. Res.	104
Kinderling, Lieut. z. S.	50. 126	— II., Lieut. z. S.	51. 123	— Dr., Stabs-Arzt	12. 72
Kindt, Kapt.-Lieut.	12. 45	— III., Unt.-Lieut. z. S.	12. 52	— Mar.-Unt.-Zahlm.	30. 76
Kirchhoff, Korv.-Kapt.	39. 125	— IV., Unt.-Lieut. z. S.	53. 123	— Zahlm.-Aspt.	101
— Unt.-Lieut. z.S.	53. 123	— Dr., Assist.-Arzt 1. Kl.	72. 123	— Steuerm.	90
Dr. Kirchhoff, Assist.-Arzt 1. Kl. b. Seew.	114	— Int.-Rath u. Sek.-Lieut. b. Res.	30. 79. 105	— Masch.	87
Kirchhoff, Ob.-Materialienverw.	88	— Vize-Masch. b. Res.	110	— Masch. b. Res.	111
Kirchner, Lieut. z. S. b. Res.	103	Köbisch, Masch.-Unt.-Ing.	17. 66	— Masch. b. Seew.	115
Kirsch, Masch.	93	Köhler, Feuermeister	88	Krebs, Unt.-Lieut. z. S. b. Res.	104
Kißling, Masch. b. Res.	109	Köhn v. Jaski, Maschb.-Ing. u. Prem.-Lieut. b. Seew.	26. 83. 113	Dr. Kremkau, Assist.-Arzt 2. Kl.	73
Kittsteiner, Lieut. z. S.	47. 122	Kölle, Lieut. z. S.	50. 126	Dr. Kremser, Assist.-Arzt 2. Kl. b. Res.	107
Klamroth, Unt.-Lieut. z. S. b. Res.	104	Köllner, Kapt.-Lieut.	42. 124	Kreplin, Mechan.	100
Klappel, Masch.	93	— Unt.-Lieut. z. S. b. Res.	104	Kresin, Ob.-Meister	88
Klau, Ob.-Zeugfeldw.	102	Könecke, Sek.-Lieut. b. Res.	105	Kretschmann, Kapt.-Lieut.	45. 122
Klausa, Korv.-Kapt.	19. 23. 37	König, Assist.-Arzt 1. Kl.	72	Kretschmer, Schiffsb.-Ing.	8. 25. 82
Kleber, Masch. b. Seew.	115	Könnecke, Feuermeister	93	Kretzer, Materialienverw.	89
Dr. Kleffel, Stabs-Arzt	32. 71	Köpcke II., Mar.-Unt.-Zahlm.	76. 123	Kreuzberg, Unt.-Lieut. z. S. b. Res.	104
Klein, Wirkl. Adm. u. vortr. Rath u. Sek.-Lieut. b. Seew.	8. 113	Koeple I., Mar.-Zahlm.	75	Kreutzberger, Feuermeister	88
v. Klein, Lieut. z. S.	27. 48	Dr. Köppen, Abth.-Vorst.	29	Krieg, Kapt.-Lieut.	16. 45 123
Kleinschmidt, Kad.	60	v. Köppen, Assist.-Arzt 2. Kl.	73	Krieger, Schiffsb.-Ing. u. Sek.-Lieut. b. Seew.	26. 82. 113
		Roerber, Kad.	60		

	Seite
v. Kries, Kapt.-Lieut.	40. 125
= — Unt.-Lieut. z. S.	16. 55
Kröncke, Unt.-Lieut. z. S.	12. 54
v. Krohn, Lootsen-Kom.	15
Kroll, Ob.-Masch.	91
v. Krosigk, Lieut. z. S.	21. 49
Krüger, Geh. Abm.- u. vortr. Rath	8
— Lieut. z. S.	50. 126
— Seekad.	58. 125
— Steuerm.	90
— Ob.-Masch.	86
— Feuerw.	97
Dr. Krümmel, Professor	27
Krumbholz, Steuerm.	90
Kruse, Zahlm.-Aspt.	101
Küchler, Ob.-Masch.	91
Dr. Kuegler, Ob.-Stabs-Arzt 2. Kl.	70
— — Assist.-Arzt 2. Kl. b. Ref.	108
v. Kühlwetter, Unt.-Lieut. z. S.	54. 126
Kühne, Seekad.	58. 125
Kümmel, Masch.	93
Kümmelmann, Masch. b. Seew.	115
Küsel, Kad.	60
Küster, Ob.-Materialienverw.	95
Kuhn, Kapt. z. S.	36. 123
Kuhne, Rechn.-Rath	9
Kuhnke, Korv.-Kapt.-Lieut.	19. 69
Kulemann, Lieut. z. S. b. Seew.	112
Kullack, Ob.-Bootsm.	84
Kulschitzki, Ob.-Bootsm.	84
Dr. Kummer, Unt.-Arzt b. Seew.	114
Kunschmann, Lieut. z. S. b. Ref.	103
Dr. Kuntzen, Ob.-Stabs-Arzt 2. Kl.	70. 124
Kunze, Mar.-Unt.-Zahlm.	76. 122
Kurth, Feuerw.	97
Kusenack, Mar.-Unt.-Zahlm.	75
Kutscher, Seekad.	58. 125
Kutter, Lieut. z. S.	28. 50
v. Ryckbusch, Kapt. z. S.	36. 126

	Seite
L.	
Laging, Feuermeister	88
Lampson, Lieut. z. S.	29. 47
Landfermann, Kapt.-Lieut.	11. 42
Landgraf, Ob.-Feuerw.	97
Landwehr, Zahlm.-Aspt.	101
Lange, Seekad.	59. 124
— Unt.-Lieut. z. S. b. Ref.	103
— Dr., Assist.-Arzt 2. Kl.	73
— — Assist.-Arzt 1. Kl. b. Ref.	107
— Rechn.-Rath	9
— Mar.-Unt.-Zahlm.	31. 76
— Bootsm.	90
— Mechan.	100
— Masch. b. Seew.	115
Langemak, Korv.-Kapt. z. D.	24
— Seekad.	58. 125
Langheld, Mar.-Ob.-Pfarrer	11. 77
Langner, Masch.-Ob.-Ing.	24. 81
Langreuter, Unt.-Lieut. z. S. b. Ref.	103
Lans, Lieut. z. S.	12. 50
Dr. Lau, Assist.-Arzt 2. Kl. b. Ref.	107
Laucht, Feuermeister	88
Lautenberger, Lieut. z. S.	12. 51
Lavaud, Kapt.-Lieut.	41. 124
Lazarowicz, Kapt.-Lieut.	13. 44
Lechner, Maschb.-Ing.	25. 83
Lehmann, Masch.-Unt.-Ing.	66. 124
— Mar.-Unt.-Zahlm.	75. 124
— Maschb.-Ing.	25. 82
— Feuerw.	98
vom Lehn, Masch. b. Seew.	116
Lehsten, Masch. b. Seew.	116
v. Lehsten, Kad.	60
Leichnitz, Feuerw.	96
Leipold, Masch.	92
Leithäuser, Unt.-Lieut. z. S. b. Seew.	112
Leithoff, Masch. b. Ref.	111

	Seite
Lemke, Masch.	87
v. Lengerke, Unt.-Lieut. z. S.	16. 55
Lentz, Materialienverw.	89
Dr. Lenz, Assist.-Arzt 1. Kl. b. Ref.	106
Lerche, Assist.-Arzt 1. Kl.	72. 123
Leßle, Ob.-Materialienverw.	89
Lettgau, Hauptm.	17. 62
v. Levetzow, Kapt. z. S. z. D.	11
= — Lieut. z. S.	51. 124
= — Unt.-Lieut. z. S. b. Ref.	104
Lewandowski, Mar.-Unt.-Zahlm.	75
Ley, Bootsm.	84
Liebenberg, Vize-Masch. b. Ref.	110
Lieber, Ob.-Masch.	85
Liersemann, Seekad.	58. 125
Lietzmann, Lieut. z. S.	12. 51
Ligat, Ob.-Torp.	98
Dr. Ligowski, Professor	27. 28
Lilie, Lieut. z. S.	21. 46
Frhr. v. Lilien, Geh. Abm.-Rath	11. 30. 79
Lindemann, Schiffsb.-Ob.-Ing.	26. 81
— Masch. b. Ref.	111
v. Lindern, Schiffsb.-Ob.-Ing.	24. 81
Link, Bootsm.	85
Löbeling, Geh. exped. Sekr.	10
Loeber, Feuermeister	88
Lölhöffel v. Löwensprung, Hauptm.	30. 62
Dr. Loeschigl, Assist.-Arzt 1. Kl. b. Seew.	114
Dr. Löwenhardt, Assist.-Arzt 2. Kl.	73
Frhr. v. Löwenstern, Korv.-Kapt.	11. 38
Lohmann, Kad.	60
— Vize-Masch. b. Ref.	110
Loos, Justiz-Rath	11. 27. 78
Lorenz, Rechn.-Rath	9
— Dr., Unt.-Arzt b. Ref.	109
— Masch. b. Ref.	109
— Masch. b. Seew.	116
Dr. Lotsch, Assist.-Arzt 2. Kl.	73. 125

Seite		Seite		Seite
Louran, Unt.-Lieut. z. S. 18. 53	Marx, Lieut. z. S. b. Ref. 103	Meyer, Kapt.-Lieut. 45. 126
Gr. v. Luckner, Unt.-Lieut. z. S. b. Ref. 104	— Materialienverw. 95	— I., Lieut. z. S. 46
Lubendorff, Sek.-Lieut. 17. 63	Marxen, Lieut. z. S. b. Seew. 112	— III., Unt.-Lieut. z. S. 28. 55
Ludewig, Lieut. z. S. 49. 126	Dr. Marxen, Assist.-Arzt 2. Kl. b. Ref. 107	— V., Unt.-Lieut. z. S. 28. 56
— Geh. Regiſtr. 10	Maſchke, Korv.-Kapt. 19. 20. 23. 39	— Dr., Unt.-Arzt 73
Ludwig, Maſch. 86		— Dr., Unt.-Arzt b. Ref. 109
Lübbert, Kad. 60	Maslak, Prem.-Lieut. b. Seew. 113	— Int.-Rath u. Sek.-Lieut. b. Seew. 31. 79. 113
Lüdemann, Ob.-Maſch. 91	Mathies, Maſch. 92	
— Feuerw. 96	Mattſchuck, Feuermeister 88	— Maſchb.-Dir. 24. 81
Lüdtke, Torp.-Lieut. 20. 69	Matz, Torp.-Unt.-Lieut. 20. 69	— Mechan. 100
Lühder, Ob.-Meiſter 94		— Vize-Maſch. b. Seew. 115
Lühs, Maſch. b. Seew. 116	Mauve, Unt.-Lieut. z. S. 16. 54	— Maſch. b. Ref. 109
Frhr. v. Lyncker, Kapt.-Lieut. 41. 124	— Int.-Assessor 30. 79	v. Meyer, Dr, Unt.-Arzt b. Ref. 109
	May, Geh. exped. Sekr. u. Kalkul. 9	Meyeringh, Lieut. z. S. 22. 49
M.	Mayer IV., Unt.-Lieut. z. S. 28. 55	v. Meyerinck, Seekad. 58. 125
Maaß, Unt.-Lieut. z. S. 54. 126	v. Mayer, Lieut. z. S. b. Ref. 103	Michaelis, Ob.-Maſch. 86
Dr. Machenhauer, Assist.-Arzt 1. Kl. 72. 122	Mecklenburg, Maſchb.-Ob.-Ing. 26. 82	— Materialienverw. 89
Magnussen, Unt.-Arzt b. Ref. 108	Medenwald, Maſch. 92	Michaelsen, Gymnaſ.-Lehrer 29
Mahlke, Ob.-Feuerw. 95	Meding, Mar.-Ob.-Zahlm. 30. 74	Mießner, Lieut. z. S. 50. 126
Mahlkow, Maſch. 86	Meentzen, Ob.-Maſch. 91	Minks, Ob.-Mechan. 99
Mahrenholz, Unt.-Lieut. z. S. 28. 56	Frhr. v. Meerſcheidt-Hülleſſem, Unt.-Lieut. z. S. 28. 56	Minlos, Seekad. 58. 125
Maillard, Rechn.-Rath 9		Miſchi, Zahlm.-Aſpt. 101
Majert, Sek.-Lieut. b. Ref. 105	Mehl, Rechn.-Rath 9	Miſchke, Unt.-Lieut. z. S. 19. 53
Frhr. v. Malapert-Neufville, Kapt.-Lieut. 29. 45	Meier II., Lieut. z. S. 16. 51	— Ob.-Maſch. 91
Frhr. v. Maltzahn, Korv.-Kapt. 7. 38	Meinardus, Kad. 60	Mislich, Maſch.-Ing. 65. 125
Mandt, Lieut. z. S. 12. 47	Meinke, Ob.-Materialienverw. 88	v. Mittelſtädt, Lieut. z. S. 50. 123
Ritter v. Mann-Tiechler, Unt.-Lieut. z. S. 28. 55	Meißner, Maſch.-Unt.-Ing. 17. 66	Mittler, Kapt.-Lieut. 44. 122
Mannigel, Feuerw.-Lieut. 19. 68	— Geh. exped. Sekr. u. Kalkul. 10	Mittmann, Unt.-Lieut. z. S. b. Ref. 103
Mannzen, Maſch. 87	Menger, Kad. 61	Möhmking, Maſch. 92
v. Manteuffel, Seekad. 59. 125	Menſing I., Kapt. z. S. 18. 35	Möller, Lieut. z. S. b. Ref. 103
v. Mantey, Kad. 60	— II., Kapt. z. S. 9. 37	— Maſch. b. Seew. 115
Dr. Marben, Assist.-Arzt 2. Kl. b. Ref. 107	Merks, Maſch.-Unt.-Ing. 65. 125	v. Möller I., Lieut. z. S. 12. 47
Marks, Seekad. 58. 125	Merten, Lieut. z. S. 48. 122	— II., Lieut. z. S. 51. 126
Dr. Markwort, Assist.-Arzt 1. Kl. b. Ref. 114	— Lieut. z. S. b. Ref. 104	Möllhoff, Ob.-Maſch. 91. 123
Marpé, Unt.-Lieut. z. S. b. Ref. 104	Mertens, Sek.-Lieut. 23	Mönch, Laz.-Inſp. 32
Dr. Martini, Stabs-Arzt b. Seew. 114	Messing, Mechan. 99	Dr. Mohr, Assist.-Arzt 1. Kl. b. Ref. 106
Marwede, Lieut. z. S. 52. 123	Metze, Laz.-Inſp. 32	v. Moiſy, Unt.-Lieut. z. S. b. Ref. 104
	Dr. Metzner, Ob.-Stabs-Arzt 1. Kl. 15. 32. 70	Gr. v. Moltke I., Kapt.-Lieut. 19. 43
	Meurer, Lieut. z. S. 52. 126	— = II., Kapt.-Lieut. 27. 43
	— Seekad. 59. 125	
	Meuß, Kapt.-Lieut. 42. 122	Monjer, Maſch. 86

	Seite
Gr. v. Monts, Vize-Abm.	15. 34
— = — Unt.-Lieut. z. S.	54. 125
— = — Kab.	60
Moog, Unt.-Lieut. z. S. b. Ref.	104
Morgenstern, Masch.	92
Dr. Mose, Assist.-Arzt 2. Kl. b. Ref.	108
Muchall-Biebroock, Kapt.-Lieut. b. Seew.	112
Mühleisen, Unt.-Lieut. z. S. b. Ref.	103
Müller, Kapt.-Lieut.	45. 123
— I., Lieut. z. S.	51. 126
— II., Unt.-Lieut. z. S.	28. 55
— L, Dr., Assist.-Arzt 1. Kl. b. Seew.	114
— II., Dr., Assist.-Arzt 1. Kl. b. Ref.	106
— III., Assist.-Arzt 1. Kl. b. Ref.	107
— Hafn.-Dir.	24. 81
— Ob.-Feuerw.	95
— Meister	94
— Masch. b. Ref.	110
— Masch. b. Seew.	115
Münster, Masch. b. Seew.	115
Multhaupt, Assist.-Arzt 2. Kl. b. Ref.	108
Mundt, Masch.	92
Musculus, Lieut. z. S.	52. 126

N.

Naehser, Sek.-Lieut. b. Ref.	105
Nagel, Ob.-Masch.	86
Nasser, Masch.-Unt.-Ing.	64. 125
— Masch.	93
Neitzke, Lieut. z. S.	18. 48
Dr. Neuber, Stabs-Arzt b. Ref.	106
Neubert, Geh. exped. Sekr.	9
Neue, Steuerm.	90
Neugebauer, Feuerw.	96
Neumann, Sek.-Lieut. b. Seew.	113
— Ob.-Torp.	98
— Ob.-Feuerw.	96
Dr. Neumayer, Geh. Abm.-Rath u. Professor	29
Neye, Geh. Kanzl.-Rath	10

	Seite
Nickel, Lieut. z. S.	19. 50. 126
Niedermeyer, Zahlm.-Aspt.	101. 123
Niebt, Ob.-Masch.	91
Niemann, Stabs-Arzt	71. 124
— Ob.-Materialienverw.	95
van Niessen, Lieut. z. S.	12. 51
Nieten, Unt.-Lieut. z. S.	53. 126
Nimé, Mar.-Zahlm.	12. 74
Nissel, Ob.-Steuerm.	84
Nissen, Lieut. z. S.	49. 122
— Masch. b. Ref.	109
Nitsch, Torp.-Unt.-Lieut.	22. 69
Nitze, Ob.-Masch.	91
Noback, Int.-Rath	26. 31. 79
Dr. Nocht, Stabs-Arzt	71
Röhrnberg, Feuerw.	97
Nordmann, Unt.-Lieut. z. S.	28. 55
Rothold, Masch. b. Ref.	109
Nott, Maschb.-Ing.	26. 83
Nugel, Masch. b. Seew.	116

O.

Obenheimer, Kapt.-Lieut.	29. 45
v. Obernitz, Kab.	60
Oelker, Stat.-Aubit. u. Sek.-Lieut. b. Ref.	15. 78. 105
Oelrichs, Kapt.-Lieut.	13. 41
Oelsner, Unt.-Lieut. z. S.	53. 122
Oesterreich, Lieut. z. S. b. Ref.	103
Ofers, Maschb.-Ing.	25. 29. 83
Oheim, Ob.-Baz.-Insp.	32. 80
Oldehus, Masch.	92
Oldekop, Kapt. z. S.	15. 36
Dr. Olshausen, Assist.-Arzt 1. Kl.	72. 123
Oltmann, Seelad.	59. 124
Opitz, Ob.-Masch.	85
— Masch.	86
v. Oppeln-Bronikowski, Lieut. z. S.	16. 50
Orbig, Meister	94
Gr. v. Oriola, Lieut. z. S.	49. 123

	Seite
Orlin, Masch.-Unt.-Ing.	21. 65
v. b. Often, Lieut. z. S.	51. 123
= = — Seekad.	58. 124
Osterwald, Masch.	87
Otte, Masch. b. Seew.	116
Otto, Geh. exped. Sekr. u. Kalkul., Sek.-Lieut. b. Seew.	9. 113
— I., Masch.	93
— II., Masch.	93
v. Oven, Sek.-Lieut.	17. 63
Overhoff, Ob.-Masch.	85
Oxé, Unt.-Lieut. z. S.	17. 54

P.

Paech, Lieut. z. S.	12. 51
Pagel, Vize-Masch. b. Ref.	110
Pagenbarm, Masch. b. Seew.	116
Paleske, Kapt.-Lieut.	16. 44
Palm, Feuerw.-Lieut.	26. 68
Palmgren, Kapt.-Lieut.	45. 124
Pannach, Ob.-Masch.	91
Pannecke, Schiffsb.-Ob.-Ing.	25. 81
Papen, Unt.-Lieut. z. S.	52. 122
Papp, Feuermeister	88
Paris, Ob.-Feuerw.	97
Parpert, Ob.-Feuerw.	95
Pasche, Masch.	86. 122
Paschen, Kontre-Abm.	9. 34
— I., Lieut. z. S.	12. 46
— II., Lieut. z. S.	48. 125
— Schiffsb.-Ob.-Ing.	26. 81
Paucke, Lieut. z. S.	8. 48
Pautz, Ob.-Feuermeister	93
v. Pawelsz, Kapt. z. S.	36. 125
Peck, Sek.-Lieut. b. Ref.	105
Pevels, Geh. Abm.- u. vortr. Rath, Hauptm. b. Seew.	8. 78. 113
Perino, Hauptm. b. Seew.	113
Persius, Unt.-Lieut. z. S.	13. 55

	Seite		Seite		Seite
Peters, Lieut. z. S.	21. 48	v. Preußen, Prinz Heinrich, K. H., Korv.-Kapt.	11. 39	Rechtern, Hafenb.-Dir.	26. 81
— Dr., Professor	9. 27			Recke, Lieut. z. S.	16. 51
— Feuermeister	94	Pribnow, Feuerw.-Prem.- Lieut.	19. 67	Reblich, Kad.	60
— Masch. b. Seew.	115	Prillwitz, Vize-Masch. b. Ref.	110	Dr. Rehber, Assist.-Arzt 1. Kl. b. Seew.	114
Petersen, Unt.-Lieut. z. S. b. Seew.	112	Prinz, Stabs-Arzt	71. 125	Reich, Kanzl.-Rath	10
— Dr., Assist.-Arzt 1. Kl. b. Ref.	106	v. Prittwitz u. Gaffron, Korv.-Kapt.	12. 38	v. Reiche, Kapt. z. S.	12. 36
— I., Unt.-Arzt b. Ref.	109	⸗ — Lieut. z. S. b. Seew.	112	Reichert, Justiz-Rath	11. 78
— II., Dr., Unt.-Arzt b. Ref.	109	⸗ — Prem.-Lieut.	17. 62	— Unt.-Lieut. z. S. b. Ref.	104
Peterson, Sek.-Lieut.	23	Prollius, Feuerw.-Prem.-Lieut.	26. 67	Reimann, Ob.-Laz.-Insp.	32. 80
Petruschky, Unt.-Lieut. z. S.	28. 56	Prowe, Lieut. z. S.	18. 49	v. Reinbrecht, Maj.	23. 27
Petzsch, Maschb.-Ing.	8. 25. 82	Prox, Masch.-Ob.-Ing.	17. 65	Reincke, Kapt.-Lieut.	19. 45
Pfeiffer, Masch.	92	Prüffing Masch.-Unt.-Ing.	17. 66	Reinhardt, Ob.-Feuerw.	97
Philipp, Unt.-Lieut. z. S.	18. 55	Przewifinski, Kad.	61	Reinkens, Torp.	99
— Mechan.	100	Pudor, Zeug-Hauptm.	19. 68	Reiß, Ob.-Feuermeister	87
Pieper, Kad.	61	v. Pustau, Lieut. z. S.	47. 123	Dr. Rellstab, Professor	27. 28
Pietsch, Feuermeister	94	Puttfarcken, Unt.-Lieut. z. S.	12. 55	Remus, Ob.-Masch.	85
Pindter, Seekad.	58. 124	Putzmann, Sek.-Lieut. b. Seew.	113	Dr. Renvers, Stabs-Arzt	16. 72
Pintier, Masch.	93			Reuß, Prinz Heinrich XXVI. D., Lieut. z. S.	57
Piper, Unt.-Lieut. z. S. b. Seew.	112	**Q.**		Reuter, Assist.-Arzt 1. Kl. b. Seew.	114
— Ob.-Bootsm.	84	Quentin, Assist.-Arzt 2. Kl. b. Ref.	108	v. Reuter, Seekad.	58. 125
Piraly, Korv.-Kapt.	24. 38			Rexroth, Kad.	60
Plachte, Kapt.-Lieut.	43. 125	**R.**		Rhan, Garnisonverw.-Ob.-Insp.	30. 80
Plate, Maschb.-Ing.	26. 83	Raasch, Feuerw.-Lieut.	19. 68	Richnow, Ob.-Bootsm.	90
Gr. v. Platen zu Hallermund, Unt.-Lieut. z. S.	54. 122	Radke, Sek.-Lieut. b. Seew.	113	Richter, Depart.-Dir., Wirkl. Geh. Abm.-Rath	8
Bar. v. Plessen, Kapt.-Lieut.	8. 44	Raetz, Masch.-Unt.-Ing.	13. 65	— Lieut. z. S.	16. 49
Pletz, Geh. Regiftr.	10	Rahn, Ob.-Feuerw.	97	— Kad.	60
Pließ, Feuermeister	88	Rampold, Lieut. z. S.	49. 126	— I., Prem.-Lieut. b. Seew.	113
Plübbemann, Kapt. z. S.	23. 36	Rankenburg, Meister	88	— II., Sek.-Lieut. b. Ref.	105
Dr. Pochhammer, Prof.	27	v. Rapacki-Warnia, Lieut. z. S. b. Ref.	103	— Dr., Stabs-Arzt	17. 71
Pöppel, Feuerw.	98	Rauchfuß, Schiffsb.-Ing.	8. 25. 82	— Mar. Zahlm.	16. 74
Poerschke, Bootsm.	85	v. Raven, Korv.-Kapt.	12. 38	Riebe, Feuermeister	88
Pohl, Kapt.-Lieut.	45. 124	v. Rebeur-Paschwitz, Unt.-Lieut. z. S. b. Ref.	53. 124	Riechardt, Ob.-Materialienverw.	89
— Seekad.	58. 125	Reche, Unt.-Lieut. z. S.	18. 53	Rieck, Ob.-Steuerm.	90
Pohlhaus, Masch. b. Ref.	111			— Masch. b. Ref.	111
Polack, Lieut. z. S. b. Ref.	103			— Masch. b. Seew.	115
Poock, Lieut. z. S.	14. 50			Riedel, Korv.-Kapt.	28. 39
Gr. Posadowsky-Wehner, Kad.	60			— Unt.-Lieut. z. S.	53. 124
Poschmann, Lieut. z. S.	21. 47. 126			Riemer, Mar.-Ob.-Zahlm.	31. 74
v. Poser u. Groß-Räblitz, Seekad.	59. 125			Riemann, Masch.-Ing.	13. 64
Prenzloff, Masch.	92			Riesenberg, Feuerw.	98
v. Preußen, Prinz Wilhelm, K. H., Oberst	63			Rieve, Lieut. z. S.	51. 126
				Rinbfleisch, Ob.-Masch.	85
				Ringe, Mar.-Zahlm.	75. 126

139

Rippe, Masch. b. Res. 111
Ritter, Bootsm. 85
Rittmeyer, Korv.-Kapt. 18. 20. 38
Rochlitz, Lieut. z. S. 51. 124
Dr. Röbiger, Assist.-Arzt 1. Kl. b. Res. 107
Römpke, Ob.-Mechan. 99
Frhr. v. Röffing, Kapt. z. S. 36
— - — Seekad. 58. 125
Rötger, Korv.-Kapt. 18. 19. 38
Röttcher, Feuerw.-Lieut. 19. 68
Rogge, Unt.-Lieut. z. S. 28. 55
— Masch.-Unt.-Ing. 17. 66
— Masch. 93
v. Rolf, Masch. b. Seew. 116
Rollmann, Lieut. z. S. 22. 46
— Seekad. 58. 125
Ropers, Meister 94
v. Roques, Oberst 13. 23. 27. 62
— Sek.-Lieut. 63. 125
Roscher, Masch. b. Seew. 115
Rose, Rend. 25. 83
Rosehr, Masch. b. Res. 111
v. Rosen, Korv.-Kapt. 16. 38
Rosenbahl, Kapt.-Lieut. 16. 42
Rosentreter, Feuermeister 93
Roß, Mar.-Unt.-Zahlm. 21. 75
Rostock, Garnisonverw.-Insp. 30
Roth, Assist.-Arzt 1. Kl. 72. 122
Rother, Mechan. 100
v. Rothkirch u. Panthen, Unt.-Lieut. z. S. 28. 56
Rotter, Abm.-Rath 8
Rottkewitz, Meister 94
Rottok, Kapt.-Lieut. 27. 45
— Kapt.-Lieut. a. D. u. Redakt. 9
Rubloff, Schiffsb.-Ob.-Ing. u. Hauptm. b. Seem. 25. 28. 29. 81. 113
Rudolphi, Feuerw. 97
Rück, Geh. exped. Sekr. 9
Rübiger, Kapt.-Lieut. 18. 40
Rühl, Masch. b. Seew. 115

Rümcker, Dir. b. Sternwarte 29
Ruetz, Lieut. z. S. 14. 47
v. Rützleben, Sek.-Lieut. 17. 63
Dr. Ruge, Assist.-Arzt 2. Kl. 72
Runge, Lieut. z. S. 16. 51
— Feuerw.-Prem.-Lieut. 24. 67
— Ob.-Masch. 91. 126
Dr. Runkwitz, Assist.-Arzt 1. Kl. 72
Runze, Mar.-Pfarrer 11. 77

S.

Saberski, Masch. 87
Sack, Korv.-Kapt. 8. 37
Sander, Stabs-Arzt 12. 71
— Dr., Assist.-Arzt 1. Kl. 72
Sandow, Masch. b. Seew. 115
Sandquist, Zahlm.-Aspt. 101. 126
Sarnow, Kapt.-Lieut. 27. 41
Saß, Lieut. z. S. 17. 50
Sasse, Feuermeister 88
Sassenhagen, Feuerw.-Lieut. 24. 68
Gr. v Saurma-Jeltsch, Kad 60
Savallisch, Masch. b. Res. 111
Schaale, Lieut. z. S. b. Res. 103
Schach, Garnisonverw.-Dir. 31. 80
Schack, Lieut. z. S. 48. 123
Schad, Zahlm.-Aspt. 101
Schäfer I., Lieut. z. S. 50. 126
— II., Unt.-Lieut. z. S. 52. 124
— III., Unt.-Lieut. z. S. 18. 53
— Ob.-Bootsm. 84
— Masch. b. Res. 110
Schäffer, Unt.-Lieut. z. S. b. Seew. 112
Schalbach, Ob.-Bootsm. 84
Schamp, Masch. 86. 122
— Meister 94
Scharffenberg, Sek.-Lieut. b. Res. 105

Schaumann L, Lieut. z. S. 17. 51
— II., Unt.-Lieut. z. S. 53. 125
Dr. Schaumlöffel, Assist.-Arzt 2. Kl. b. Res. 108
Scheber, Kapt.-Lieut. 15. 43
Scheeffer, Prem.-Lieut. 15. 62
Scheer, Lieut. z. S. 16. 50
Scheffler, Ob.-Feuerw. 97
Scheibel, Lieut. z. S. 23. 48
— Schiffsb.-Ing. 26. 82
— Materialienverw. 95
Scheidt, Unt.-Lieut. z. S. 12. 55
Schelle, Unt.-Lieut. z. S. 54 126.
Scheppe, Unt.-Lieut. z. S. 16. 55
Schering, Kapt. z. S. 27. 35
Scherler, Mar.-Zahlm. 17. 75
Scheunemann, Seekad. 59. 125
Schiemann, Meister 88
Schienmann, Kapt.-Lieut. b. Seew. 112
Schilasky, Sek.-Lieut. b. Res. 105
Frhr. v. Schimmelmann, Lieut. z. S. 12. 48
Schirmacher, Hafb.-Ob.-Ing. 25. 26. 82
Schirmer, Unt.-Lieut. z. S. 52. 124
Schirnick, Masch.-Unt.-Ing. 17. 66
Schlafinski, Ob.-Masch. 91
Schlemmer, Kad. 61
Schlichter, Masch.-Unt.-Ing. 17. 66
Dr. Schlichting, Gymnas.-Lehrer 29
Schliebner, Lieut. z. S. 49. 123
Schlieper, Lieut. z. S. 51. 125
Schloepke, Korv.-Kapt. z. D. 15
Schlüter, Maschb.-Ing. 26. 83
Schmacht, Masch. 93
Schmidt, Kapt.-Lieut. 40. 123
— I., Lieut. z. S. 19. 50
— II., Lieut. z. S. 14. 51

	Seite
Schmidt, Kab.	61
— Lieut. z. S. b. Seew.	112
— Masch.-Ing.	13. 29. 64
— Torp.-Lieut.	22. 69
— Dr., Stabs-Arzt	71. 124
— I., Mar.-Zahlm.	31. 75
— II., Mar.-Unt.-Zahlm.	30. 75
— III., Mar.-Unt.-Zahlm.	75
Schmidt v. Schwind, Unt.-Lieut. z. S.	16. 55
Schmiedeberg, Zahlm.-Aspt.	101
Schnars, Lieut. z. S.	27. 46
Schneider, Kapt.-Lieut.	41. 123
— Lieut. z. S.	48. 123
— Dr., Stabs-Arzt	71
— Dr., Assist.-Arzt 1. Kl.	72
Schneppat, Ob.-Feuerw.	96
Schoel, Feuerw.	98
Schön, Feuerw.	96
Schönecke, Masch. b. Seew.	116
Schönfelder I., Lieut. z. S.	47. 123
— II., Lieut. z. S.	48. 124
Schoenke, Ob.-Meister	88
Schoer, Ob.-Masch.	86
Schörnich, Zahlm.-Aspt.	101
Scholz, Geh. Registr.	10
— Masch.	87
Schoodt, Masch.	87
Schorsch, Masch.	86
Schott, Unt.-Lieut. z. S. b. Seew.	112
Schrader, Unt.-Lieut. z. S.	54. 126
— Dr., Lehrer	29
Schramm, Feuerw.	97
v. Schramm, Ob.Feuerw.	95
Schreiber, Feuermeister	88
Schreuer, Stabs-Arzt	18. 71
Schreyhage, Vize-Masch. b. Res.	110
Schrobt, Feuerw.	97
Schröber, Kapt. z. S.	35
— Kapt.-Lieut.	21. 45
— Lieut. z. S.	24. 48
— Kab.	60
— Unt.-Lieut. z. S. b. Res.	104
— Kanzl.-Rath	10
Schröbter, Schiffsb.-Ing.	25. 82
Schrön, Rechn.-Rath	9
Schröter, Masch.	87

	Seite
Frhr. v. Schrötter, Prem.-Lieut.	23
Schubbe, Hilfs-Unt.-Lieut. b. Seew.	112
Schubert, Stabs-Arzt	72
Schubert, Ob.-Meister	94
v. Schuckmann I., Korv.-Kapt.	25. 37
- — II., Korv.-Kapt.	38. 123
- — Kapt.-Lieut. b. Seew.	112
Schütt, Ob.-Masch.	91
— Masch. b. Res.	109
Schütte, Lieut. z. S. b. Res.	103
Schütz, Lieut. z. S.	52. 123
Schütze, Masch.-Unt.-Ing.	21. 65
Schützler, Masch.	87
Schultchen, Materialienverw.	95
Dr. Schulte, Chemiker	29
Schulz, Unt.-Lieut. z. S.	53. 122
— Sek.-Lieut. b. Seew.	113
— Masch. b. Seew.	116
— Rend.	26. 83
Schultze, Unt.-Lieut. z. S. b. Res.	104
Schulz, Kapt.-Lieut.	16. 44
— Ob.-Steuerm.	90
— Masch.	87
— Masch.	92
— Ob.-Materialienverw.	89
— I., Meister	88
— II., Meister	88
Schulze, Kapt. z. S.	36. 124
— Adm.-Rath	8
— Maschb.-Ob.-Ing.	26. 81
— Ob.-Feuerw.	96
— Feuermeister	88
— Torp.	99
Schumann, Assist.-Arzt 2. Kl.	73
Schunke, Schiffsb.-Dir.	19. 81
Schuppan, Zahlm.-Aspt.	101
Schur, Unt.-Lieut. z. S.	12. 54
— Kanzl.-Rath	10
Schwabediffen, Masch. b. Seew.	115
Schwarl, Bootsm.	84
Schwartzkopff, Lieut. z. S.	48. 125
Schwarz, Schiffsb.-Ing. u. Sek.-Lieut. b. Res.	8. 25. 82. 105

	Seite
Schwarzkopf, Masch.	87
Schwarzlose, Korv.-Kapt.	24. 37
Schwebecke, Masch. b. Res.	110
Dr. Schwer, Assist.-Arzt 1. Kl. b. Res.	107
v. Schwind, s. Schmidt v. Schwind.	
Schwöbe, Torp.	98
Frhr. v. Seckendorff, Kapt. z. S.	57
Seeber, Int.-Rath u. Sek.-Lieut. b. Seew.	24. 30. 79. 113
Seiferling, Seekad.	58. 125
Seifert, Materialienverw.	95
Sell, Zahlm.-Aspt.	101
Sellerbeck, Unt.-Lieut. z. S. b. Res.	104
Sellhorn, Meister	94
Seltmann, Masch.-Ing.	64. 126
van Semmern, Lieut. z. S.	48. 123
Frhr. v. Senden-Bibran, Kapt. z. S.	7. 36
Senner, Unt.-Lieut. z. S.	28. 55
Sentzke, Masch.	86
Seweloh, Kapt.-Lieut.	23. 33
Seydell, Masch.-Ing.	17. 65
Seyler, Torp.	99
Sieber, Unt.-Lieut. z. S. b. Res.	104
Siebert, Mechan.	100
Sieckel, Prem.-Lieut.	23
Siegel, Kapt.-Lieut.	8. 42
Sieger, Unt.-Lieut. z. S.	52. 124
Siegmund, Seekad.	59. 124
Sievers, Seekad.	59. 124
Siggelkow, Torp.-Unt.-Ing.	22. 66
Simon, Unt.-Lieut. z. S.	52. 124
Simonsen, Unt.-Lieut. z. S. b. Res.	104
v. Sivers, Lieut. z. S. b. Res.	103
Slauck, Masch.	92
Smith, Masch. b. Seew.	116
Soer, Bootsm.	84
Frhr. v. Sohlern, Kapt.-Lieut.	16. 43
Sohrweide, Ob.-Bootsm.	84

141

	Seite
Solf, Zahlm.-Aspt.	101
Sommerwerck, Lieut. z. S.	23. 47
Sonderhoff, Unt.-Lieut. z. S. b. Ref.	104
Sonnenstuhl, Mar.-Zahlm.	74
Sonntag, Lieut. z. S.	29. 47
Souchon, Lieut. z. S.	52. 122
Gr. v. Spee, Lieut. z. S.	50
— : — Dr., Assist.-Arzt 1. Kl. b. Ref.	106
Spengler, Lieut. z. S.	48. 124
v. Sperling, Korv.-Kapt.	11. 39
Dr. Spiering, Assist.-Arzt 2. Kl.	78
Spitz, Masch. b. Seew.	115
Sponholz, Steuerm.	85
Springer, Masch.	92
Stachow, Ob.-Feuerw.	96
Stackfleth, Masch. b. Seew.	115
Stärke, Kontr.	30
Starke, Unt.-Lieut. z. S.	54. 126
Stechert, Sek.-Lieut. d. Ref.	105
Stechow, Unt.-Lieut. z. S.	53. 125
Stegmann, Masch. Seew.	115
Stehling, Masch. b. Seew.	116
Stehr, Masch.	86
Stein, Lieut. z. S.	46. 126
Dr. Steinbach, Assist.-Arzt 1. Kl. b. Ref.	106
Steinbart, Unt.-Lieut. z. S. b. Seew.	112
Steinberg, Geh. Rechn. Rath	9
Steindorf, Ob.-Bootsm.	84
Steinhäuser, Mar.-Zahlm.	18. 75
Steinmeyer, Masch.	87
Steinrücke, Masch.	93
Steinsick, Masch. b. Seew.	115
Dr. Stelzner, Assist.-Arzt 2. Kl. b. Ref.	108
Stemann, Unt.-Arzt b. Ref.	109
Stempel, Kapt. z. S.	16. 35
Stenzel, Feuermeister	93
Sthamer, Unt.-Lieut. z. S.	52. 122
Stiege, Kapt.-Lieut.	25. 43

	Seite
Stiegel, Ob.-Masch.	91
Stoll, Meister	88
Stolz, Kapt.-Lieut.	19. 41
v. Stosch, Gen. d. Inf. z. D.	57. 63
Strangmeyer, Maschb.-Ing.	26. 83
thor Straten, Kad.	60
Strauch, Korv.-Kapt.	37. 124
Strecker, Masch.	93
Stresau, Mechan.	99
Strötzel, Masch. b. Seew.	116
v. Strombeck, Kad.	60
Stromeyer, Lieut. z. S.	51. 126
Strothotte, Vize-Masch. b. Seew.	115
Strothmann, Ob.-Masch.	85. 123
Struwe, Zahlm.-Aspt.	101. 123
Stubenrauch, Kapt.-Lieut.	9. 40
v. Studnitz, Unt.-Lieut. z. S.	54. 126
Stülpe, Ob.-Feuerw.	96
Sturtz, Mar.-Unt.-Zahlm.	75. 124
Szczobrowski, Mar.-Unt.-Zahlm.	76. 123
Sziemientkowski, Ob.-Materialienverw.	95

T.

	Seite
Tag, Masch.	86
Tamm, Masch.	87
Tapken, Unt.-Lieut. z. S.	16. 54
Tautz, Feuerw.-Prem.-Lieut.	19. 67
Teichmann, Feuerw.	96
Temme, Unt.-Lieut. z. S. b. Ref.	104
Dr. Tereszkiewicz, Assist.-Arzt 1. Kl.	72. 122
Tesdorpf, Korv.-Kapt. z. D.	27
Teßmer, Feuerw.	96
Tetzmar, Mar.-Unt.-Zahlm.	76. 122
Tettenborn, Rechn.-Rath	9
Teuber, Ob.-Masch.	85. 122
Thämer, Maschb.-Ing.	26. 83

	Seite
Thalen, Assist.-Arzt 2. Kl.	73. 124
Thiede, Mar.-Unt.-Zahlm.	75. 124
— Ob.-Steuerm.	84
Thiele I., Kapt.-Lieut.	41. 125
— II., Kapt.-Lieut.	7. 43
— Masch.	92
Thielemann, Feuermeister	93
Thiermann, Ob.-Realschul-Lehrer	29
Thörmer, Materialienverw.	95
Dr. Thörner, Stabs-Arzt	12. 71
Thoma, Feuerw.-Hauptm.	24. 67
Thomsen, Kapt. z. S.	36. 125
— Maschb.-Ing.	25. 82
— Masch. b. Seew.	115
Thorbecke, Kad.	60
Thyen, Unt.-Lieut. z. S.	16. 55
Tiesmeyer, Kad.	60
Tietz, Ob.-Steuerm.	84
Tille, Masch.	93
Timm, Feuerw.	96
Timme, Seekad.	58. 124
Tirpitz, Korv.-Kapt.	21. 37
Tissot dit Sanfin, Kanzl.-Rath	10
Tjarks, Assist.-Arzt 2. Kl. b. Ref.	107
Toel, Vize-Masch. b. Ref.	110
Tollert, Ob.-Steuerm.	90
Tomaschewski, Feuerw.	97
Dr. Trainer, Assist.-Arzt 2. Kl. b. Ref.	107
Transfeldt, Sek.-Lieut.	14. 63
Trede, Assist.-Arzt 1. Kl. b. Ref.	107
Trendtel, Unt.-Lieut. z. S.	28. 55
Frhr. Treusch v. Buttlar-Brandenfels, Sek.-Lieut.	17. 62
Troje, Unt.-Lieut. z. S.	28. 56
v. Trotha, Seekad.	59. 125
Trümper, Masch.	92
v. Trützschler u. Fallenstein, Seekad.	59. 125
Trummler, Unt.-Lieut. z. S.	52. 122
Truppel, Kapt.-Lieut.	21. 45

10*

U.

Bar. v. Uckermann, Kapt.
 z. S. z. D. 25
Ueltzen, Vize-Masch. b. Ref. 110
Ulrich, Ob.-Bootsm. 89
— Feuerw. 98
v. Usedom, Kapt.-Lieut. 57
Usinger, Masch. 93
— Masch. b. Ref. 110
v. Uslar, Seekad. 58. 125
Uthemann, Maschb.-Ing. 25. 83
— Seekad. 58. 125
— Unt.-Arzt 73

V.

Valentin, Vize-Masch. b. Ref. 110
Valentiner, Seekad. 58. 125
Valette, Korv.-Kapt. 19. 23. 38
Valois, Kapt. z. S. 24. 35
Vanselow, Lieut. z. S. 12. 48
Varrentrapp, Kad. 60
Veith, Maschb.-Ing. 24. 82
v. Veltheim, Lieut. z. S. b. Ref. 104
Ventzlaff, Masch. b. Seew. 116
Viereck, Masch. b. Seew. 115
Vitte, Vize-Masch. b. Ref. 110
Vles, Kad. 60
Völker, Feuermeister 94
Vogel, Oberst z. D. 29
— Masch. 92
Vogeler, Wirkl. Adm.- u. vortr. Rath 8
Vogt, Ob.-Materialien-verw. 94
Voigt, Torp.-Ing. 66. 126
Voit, Lieut. z. S. 51. 123
Volke, Ob.-Mechan. 99
Vollmann, Unt.-Lieut. z. S. 12. 54
— Maj. 23
Vorpahl, Mar.-Unt.-Zahlm. 21. 76
— Zahlm.-Aspt. 101
Vüllers, Kapt.-Lieut. 16. 42

W.

Wachenhusen, Kapt.-Lieut. 23. 41
Wachsmann, Mar.-Zahlm. 74. 124
Wagener, Rechn.-Rath 9
Wagner, Geh. Adm.- u. vortr. Rath 8
— Unt.-Lieut. z. S. b. Ref. 104
Dr. Wahncau, Unt.-Arzt b. Ref. 109
Wahrendorff, Kapt.-Lieut. 44. 123
Wald, Mar.-Unt.-Zahlm. 16. 76
Gr. v. Walderfee, Kontre-Adm. 33
Dr. Wallé, Stabs-Arzt b. Ref. 106
Wallis, Kapt.-Lieut. 41
Wallmann, Lieut. z. S. 16. 46
Walter, Masch. 87
Walther, Kapt.-Lieut. 44. 126
— Lieut. z. S. 47. 122
Walz, Masch.-Unt.-Ing. 13. 65
Wandelt, Ob.-Bootsm. 84
Wanderscheck I., Ob.-Bootsm. 84
— II., Ob.-Bootsm. 84
Wangemann, Mar.-Pfarrer 77. 123. 124
Frhr. v. Wangenheim, Sel.-Lieut. 63. 125
Wapnewski, Mar.-Unt.-Zahlm. 30. 76
Warlich, Ob.-Feuerw. 95
Warnstedt, Unt.-Arzt b. Ref. 109
Weber, Lieut. z. S. 50. 126
— Masch. 87
— Ob.-Feuerw. 97
Wedding, Seekad. 58. 125
Wefers, Assist.-Arzt 1. Kl. 72. 125
Dr. Wegner, Assist.-Arzt 2. Kl. b. Ref. 108
Dr. Wehmann, Assist.-Arzt 1. Kl. b. Ref. 106
Weichmann, Unt.-Lieut. z. S. b. Ref. 103
Dr. Weidenhammer, Assist.-Arzt 1. Kl. 72. 123

Weihe, Kapt.-Lieut. 18. 43
Weiler, Masch. b. Ref. 109
Weinert, Rechn.-Rath 9
— Zeug-Prem.-Lieut. 19. 68
Weinheimer, Stabs-Arzt 71
Weise, Ob.-Feuerw. 95
Weißpfennig, Maschb.-Ob.-Ing. 24. 82
Weiß, Dr., Stabs-Arzt 71
— Unt.-Lieut. z. S. b. Ref. 104
— Ob.-Masch. 85
— Feuerw. 96
— Feuermeister 88
Weißer, Zahlm.-Aspt. 101
Weist, Ob.-Materialien-verw. 89
Welcker, Kartograph 9
Wendeler, Zahlm.-Aspt. 101
Wendt, Dr., Stabs-Arzt 16. 71
— Materialienverw. 89
Weniger, Unt.-Lieut. z. S. 52. 122
Wentzel, Lieut. z. S. 27. 46
Dr. Wenzel, Gen.-Arzt 1. Kl. 8. 70
Werlein, Torp. 99
Werner, Seekad. 59. 124
— Ob.-Feuerw. 97
Wernhardt, Feuerw. 96
Wessel, Ob.-Masch. 91. 122
West, Vize-Masch. b. Ref. 110
Westphal, Kapt.-Lieut. 43. 125
Weyer, Lieut. z. S. 47. 126
— Lieut. z. S. b. Ref. 103
Dr. Weyer, Professor 27
Wiebe, Ob.-Feuerw. 88
Dr. Wied, Assist.-Arzt 1. Kl. b. Seew. 114
Wiegmann, Masch. 92
Wien, Zeug-Prem.-Lieut. 19. 68
Wiens, Masch. b. Ref. 109
Wiese, Masch. b. Ref. 109
Wiesemann, Mar.-Ob.-Pfarrer 11. 77
Wiesinger, Schiffsb.-Ing. 24. 82
v. Wietersheim, Korv.-Kapt. 37. 122
Wietz, Torp.-Unt.-Lieut. 20. 69
Wilbrandt, Unt.-Lieut. z. S. 53. 125

	Seite
Wilde, Lieut. z. S.	21. 48. 126
Will, Ob.-Bootsm.	89
— Masch.	87
Wille, Ob.-Masch.	91. 126
— Masch.	87
Wilken, Lieut. z. S.	52. 122
Wille, Unt.-Lieut. z. S. b. Res.	103
Wilm, Korv.-Kapt.	16. 38
— Dr., Assist.-Arzt 2. Kl.	73. 126
v. Wimmer, Lieut. z. S.	49. 126
Dr. Winckler, Assist.-Arzt 2. Kl. b. Res.	107
v. Windheim, Unt.-Lieut. z. S.	28. 56
Winkler, Lieut. z. S.	21. 46
— Bootsm.	85
Winter, Ob.-Bootsm.	84
Wippich, Ob.-Feuerw.	97
Wislicenus, Lieut. z. S.	28. 48
Wisselink, Masch.	86
v. Witkowski, Feuerw.-Hauptm.	24. 67
Witschel, Unt.-Lieut. z. S.	54. 125
Witt, Masch. b. Res.	110
Wittekind, Masch. b. Seew.	116
Witthauer, Geh. exped. Sekr.	9
v. Wittke, Zahlm.-Aspt.	101
Wittmer, Kapt.-Lieut.	44. 124
v. Witzleben I., Lieut. z. S.	49. 125
— II., Unt.-Lieut. z S.	12. 56
Wobrig, Kapt.-Lieut.	24. 40
Wobtke, Torp.	99
Woesner, Mar.-Unt.-Zahlm.	76. 126
Wohlgemuth, Sek.-Lieut.	23
Wolff, Mar.-Ob.-Zahlm.	30. 74
— Materialienverw.	89
Dr. Wolfring, Unt.-Arzt b. Res.	108
Wolfrom, Unt.-Arzt b. Res.	108
Wollert, Feuermeister	88
Wolschke, Zahlm.-Aspt.	101
Worms, Masch.	87
Worrmann, Feuerw.-Lieut.	19. 68
Wozel, Rechn.-Rath	9
Wubtke, Torp.-Unt.-Lieut.	26. 69
— Feuerw.	96
Wulff, Mar.-Unt.-Zahlm.	76
Dr. Wunder, Stabs-Arzt b. Res.	106
Wunsch, Ob.-Feuermeister	87
Wurmbach, Unt.-Lieut. z. S.	54. 124
Wurster, Sek.-Lieut.	23
Wuthmann, Unt.-Lieut. z. S.	16. 53

Z.

	Seite
Zakrzewski, Zeug-Hauptm.	24. 68
v. Zawadzky, Unt.-Lieut. z. S.	16. 55
Zernecke, Kanzl.-Rath	9
— Rend.	24. 83
Zeye, Kapt.-Lieut.	21. 42
Zeysing, Wirkl. Adm.-Rath u. Schiffsb.-Dir.	24. 81
Dr. Zielcke, Lehrer	27. 28. 29
Zierach, Mar.-Pfarrer	77. 122
Zierep, Steuerm.	90
Ziesmer, Lieut. z. S. b. Res.	103
Zietlow, Bootsm.	84
Zilz, Kanzl.-Rath	10
Zimmermann I., Lieut. z. S.	52. 126
— II., Unt.-Lieut. z. S.	28. 55
— Zeug-Hauptm.	19. 68
— Torp.-Unt.-Lieut.	19. 69
— Ob.-Masch.	91
Zintgraff, Vize-Masch. b. Res.	110
Zirpel, Ob.-Masch.	86
v. Zitzewitz, Unt.-Lieut. z. S.	55. 124
Zosky, Ob.-Materialienverw.	94
Zühlsdorff, Mar.-Zahlm.	12. 75
Zurbonsen, Unt.-Lieut. z. S. b. Res.	104